Zur Reform des Apothekenwesens

Entspricht die Organisation des Apothekenwesens in
Deutschland dem Stande der pharmazeutischen
Produktion und den Bedürfnissen der
Arzneiversorgung?

Von

Dr. rer. pol. Ludwig Riesenfeld
Apotheker

Springer-Verlag Berlin Heidelberg GmbH 1925

ISBN 978-3-662-31734-1   ISBN 978-3-662-32560-5 (eBook)
DOI 10.1007/978-3-662-32560-5

Alle Rechte, insbesondere das der Übersetzung in fremde Sprachen, vorbehalten.

Vorwort.

Die vorliegende Arbeit, die ich der rechts- und staatswissenschaftlichen Fakultät der Albertus-Universität in Königsberg i. Pr. als Inaugural-Dissertation zur Erlangung der staatswissenschaftlichen Doktorwürde vorgelegt habe, ist bereits im Frühjahr 1923 entstanden, zu einer Zeit, als das deutsche Wirtschaftsleben noch unter dem Einflusse der rapide fortschreitenden Geldentwertung stand. Einzelne Teile der Arbeit sind durch die spätere Entwicklung überholt und haben heute nur noch historisches Interesse. Die wesentlichen Grundlinien der Arbeit und ihre Ergebnisse sind aber von der Stabilisierung der Mark und deren wirtschaftlichen Auswirkungen unberührt geblieben. Ich habe mich infolgedessen entschlossen, die Arbeit unverändert dem Druck zu übergeben. Fortgelassen sind aus Gründen der Raumersparnis nur einige Tabellen, die

1. eine Gegenüberstellung der Defektur-Arbeitspreise 1914 und April 1923,

2. einen Vergleich der Taxpreise galenischer Mittel 1914 und April 1923,

3. eine Gegenüberstellung der Rezeptur-Arbeitspreise 1914 und April 1923

enthielten. Auch diese Tabellen haben durch die seit April 1923 eingetretene Veränderung des Geldwertes ihre Aktualität eingebüßt.

Berlin, im November 1924.

Der Verfasser.

Inhaltsverzeichnis.

Seite

Einleitung 1

Allgemeiner Teil.

Erster Abschnitt. **Veränderungen im Apothekenwesen unter dem Einflusse der Industrie.**
- I. Die Entwickelung der pharmazeutischen Industrie 3
- II. Zunahme der spezifischen Industriepräparate (Fortschritte der pharmazeutischen Chemie) 6
- III. Eindringen der Industrie in das Gebiet der galenischen Präparate. (Wirtschaftliche, organisatorische und technische Überlegenheit der Industrie.) 8
- IV. Förderung der Industrie durch allgemeine wirtschaftliche Umstände 11
- V. Vereinfachung und Rückgang der Rezeptur 13
- VI. Der Apotheker als Fabrikant 16
- VII. Konzentrationsbestrebungen im Apothekengewerbe. (Absatzgenossenschaften, Syndikat deutscher Spezialitäten-Unternehmungen, Hageda, neuere Gründungen.) 18

Zweiter Abschnitt. **Die Wirtschaftlichkeit des Apothekenwesens.**
- I. Die gesetzliche Grundlage 22
- II. Statistik der Apothekenbetriebe 24
- III. Statistik des Apothekenpersonals 26
- IV. Arzneiverbrauch der Bevölkerung und durchschnittlicher Umsatz der Apotheken 28
- V. Arbeitsleistung und Unkosten der Apothekenbetriebe 31
- VI. Arzneitaxe und Bruttoverdienst der Apotheker 33
- VII. Der Einfluß der Geldentwertung 39
- VIII. Der Reinverdienst der Apotheker 43
- IX. Die Apotheken-Kaufpreise und die Kundschaftswerte 44
- X. Die wirtschaftliche Lage der Angestellten 47

Spezieller Teil.

Vorbemerkung 51
- I. Notwendigkeit der Aufrechterhaltung der Institution des Apothekenwesens 51
- II. Limitierungsprinzip oder Niederlassungsfreiheit; Apothekenmonopol; Dispensierrecht der Ärzte und Tierärzte 54
- III. Anwendungsformen des Limitierungsprinzips; Verkäufliche Apotheke, Personalkonzession; in öffentlichem Eigentum stehende Pachtapotheke; beschränkte Niederlassungsfreiheit 58
- IV. Verstaatlichungs-, Kommunalisierungs- und Sozialisierungspläne 63
- V. Krankenkassen-Apotheken; Selbstabgabe von Arzneimitteln durch die Krankenkassen 66
- VI. Bestrebungen zur Zentralisierung des Einkaufs 69
- VII. Produktionsprobleme: Zwang zur Selbsterzeugung galenischer Präparate, Förderung des Absatzes selbsterzeugter Präparate, Wegfall des Zwangs zur Unterhaltung eines Laboratoriums, Zentralisierung der Arzneimittel-Untersuchung 71
- VIII. Das Apothekenpersonal; Zulassung von Personal II. Klasse . . 74
- IX. Reform der Arzneitaxe; Vereinfachung, Anpassung an die Geldentwertung, Berücksichtigung besonderer Verhältnisse 77

Zusammenfassung 81
Literaturverzeichnis 83

Einleitung.

Die pharmazeutische Produktion — die Herstellung von Heil-, Linderungs- und Vorbeugungsmitteln gegen menschliche und tierische Krankheiten — hat etwa seit Beginn des vorigen Jahrhunderts und besonders in den letzten Jahrzehnten eine tiefgreifende Umwandlung durchgemacht. Aus der primitiven handwerksmäßigen Bereitung von in der Hauptsache rein empirisch gefundenen Heilmitteln ist allmählich eine Achtung gebietende, systematisch forschende Wissenschaft emporgewachsen, die Hervorragendes geleistet hat und sich noch in ständigem Fortschreiten befindet. Hand in Hand mit dem Fortschreiten der Wissenschaft hat auch die wirtschaftliche Gestaltung des Produktionszweiges bemerkenswerte Änderungen erfahren. Der Apotheker, der früher im wesentlichen der alleinige Erzeuger von Arzneimitteln war, ist als Produzent in den Hintergrund gedrängt. Die Eigenproduktion der Apotheken ist längst von der in schnellem Tempo gewachsenen pharmazeutischen Industrie überflügelt worden.

In einem gewissen Gegensatze zu dieser schnellen und tiefgreifenden Entwicklung steht dagegen die Tatsache, daß die Organisation des Apothekenwesens, wie sie sich unter dem Zwange gesetzlicher Vorschriften gestaltet hat, einen konservativen Charakter trägt. Die heute noch bestehenden Rechtsinstitutionen des Konzessionswesens und der Arzneitaxe haben ihren Ursprung im Mittelalter[1]), und manche andere noch in Geltung befindliche Vorschriften sind zu einer Zeit entstanden, als an die heutige Gestaltung der pharmazeutischen Produktion noch kaum zu denken war.

Die auffallende Inkongruenz der überaus schnellen wissenschaftlichen, technischen und wirtschaftlichen Entwicklung der Pharmazie auf der einen Seite und dem Beharrungszustande in der gesetzlichen Regelung des Apothekenwesens auf der andern Seite muß zu der Frage Veranlassung geben, ob die derzeitige Organisation des Apothekenwesens noch dem Stande der pharmazeutischen Produktion entspricht oder ob hier ein schädliches Mißverständnis besteht.

Die Untersuchung dieser Frage bildet den Gegenstand der vorliegenden Arbeit.

---

[1]) Dr. Springfeld: „Zur Entwicklungsgeschichte der Apothekenreform", S. 32 ff.

Man kann die Frage auch anders formulieren, nämlich so, ob die derzeitige Organisation des Apothekenwesens die vollständige Ausnutzung aller technischen und wirtschaftlichen Fortschritte der pharmazeutischen Produktion ermöglicht, ob das Apothekenwesen noch so organisiert ist, daß der verbrauchenden Bevölkerung die beste und billigste Arzneiversorgung gewährleistet ist, die nach dem heutigen Stande der Pharmazie überhaupt möglich erscheint.

Von diesem Gesichtspunkte aus soll das Apothekenwesen und sein Verhältnis zur pharmazeutischen Produktion einer Betrachtung unterzogen werden.

Zu diesem Zwecke wird zunächst im allgemeinen Teil der Arbeit der Einfluß auf das Apothekenwesen dargestellt und unter Berücksichtigung der veränderten Verhältnisse die Wirtschaftlichkeit der Apothekenbetriebe untersucht. Im speziellen Teil wird dann den verschiedenen Möglichkeiten einer Änderung in der Organisation des Apothekenwesens nähergetreten.

Allgemeiner Teil.

Erster Abschnitt.

Veränderungen im Apothekenwesen unter dem Einfluß der Industrie.

I.

Die volkswirtschaftliche Funktion der Apotheken, die dem Publikum zuerst in die Augen fällt, ist die Abgabe von Arzneien unmittelbar an die Verbraucher, also der Kleinverkauf. Die Apotheker sind jedoch nicht nur Arzneimittelhändler; sie betätigen sich vielmehr auch auf dem Gebiete der Produktion.

Allerdings haben sich in dieser Beziehung im Laufe der Zeit, besonders in den letzten Jahrzehnten, sehr tiefgreifende Veränderungen vollzogen, und zwar insofern, als die Arzneimittelerzeugung zum weitaus größten Teile von der Industrie an sich gerissen worden ist. Noch vor etwa 50 Jahren war die Apotheke die Haupterzeugungsstätte für pharmazeutische Präparate. Zwar gab es damals bereits beachtenswerte industrielle Betriebe, die sich mit der Herstellung von Arzneimitteln befaßten, aber das Schwergewicht der pharmazeutischen Produktion lag doch immer noch in der Apotheke. Dieses Verhältnis hat sich seitdem von Grund auf verändert. Heute spielt die Apotheke als Produktionsstätte nur noch eine untergeordnete Rolle; sie dient jetzt mehr oder weniger nur noch dem Vertriebe industriell hergestellter Arzneimittel. Die Selbsterzeugung für den Eigenbedarf ist mehr und mehr in den Hintergrund getreten.

Diese Verschiebung in der pharmazeutischen Produktion ist bereits so weit vorgeschritten, daß heute wohl in einem einzigen industriellen Großbetriebe weit mehr Arzneimittel erzeugt werden als in den rund 6000 deutschen Apotheken zusammen. Um diese auf den ersten Blick vielleicht etwas kühn erscheinende Behauptung zu illustrieren, seien einige Daten über eine der bedeutendsten chemisch-pharmazeutischen Fabriken, E. Merck in Darmstadt, angeführt. Das Unternehmen ist aus der Engelapotheke in Darmstadt hervorgegangen, die sich seit 1688 im Besitz der Familie Merck befindet. Nach Angaben eines Familienangehörigen, Dr. Johann Heinrich Merck[1]), fällt der Beginn fabrikatorischer Tätigkeit in der Engelapotheke in das Jahr 1825. Noch in den achtziger Jahren hat die Zahl der Werksangehörigen des Betriebes 200—300 betragen; sie war um das Jahr 1900 auf 1000 gestiegen und beläuft sich heute auf nahezu 4000[2]). Etwa für das Jahr 1913 hat Lepsius[3]) die Zahl der Beschäftigten auf 1800 Arbeiter und 400 Beamte (darunter 75 Chemiker und Apotheker, Ingenieure, Ärzte, Tierärzte) angegeben.

Wenn wir in Betracht ziehen, daß in den deutschen Apotheken nur etwa 13000 pharmazeutische Personen (einschließlich der Besitzer und der noch in der Ausbildung betroffenen Praktikanten) beschäftigt sind, deren Tätigkeit sich zum weitaus größten Teile in der „Offizin" (dem Verkaufsraum) abwickelt, so stellt es sich keineswegs als eine Übertreibung dar, wenn wir annehmen, daß aus dem Betriebe der Firma E. Merck allein mehr pharmazeutische Produkte hervorgehen als aus den 6000 zum Teil völlig unbenutzten Apothekenlaboratorien.

Der Aufschwung der Firma E. Merck bietet zugleich ein typisches Spiegelbild der Entwicklung der pharmazeutischen Industrie überhaupt. Andere Großbetriebe der chemisch-pharmazeutischen Industrie können auf eine ähnliche Geschichte zurückblicken. Ich nenne

J. D. Riedel, Berlin, gegründet 1812,

Chemische Fabrik auf Aktien vorm. E. Schering, Berlin, 1851 aus der Scheringschen Grünen Apotheke in Berlin hervorgegangen,

Gehe & Co. in Dresden, gegründet 1835, ursprünglich nur Großdrogenhandlung,

Vereinigte Chininfabriken Zimmer & Co., Gesellschaft m. b. H. in Frankfurt a. M., 1837 durch Vereinigung der Firmen Conrad Zimmer in Frankfurt und Friedrich Jobst in Stuttgart entstanden,

C. F. Böhringer & Söhne, Waldhof bei Mannheim, gegründet 1859,

Chemische Fabrik Helfenberg A.-G. vorm. E. Dietrich, Helfenberg bei Dresden, gegründet 1869,

Chemische Fabrik von Heyden, Radebeul bei Dresden, gegründet 1874,

Knoll & Co., Ludwigshafen a. Rh., gegründet 1874,

Chininfabrik Braunschweig Buchler & Co., gegründet 1858.

---

[1]) Merck: Entwicklung und Stand der pharmazeutischen Großindustrie Deutschlands. Berlin 1923.
[2]) Pharmaz. Zeitung 1923 Nr. 20.
[3]) Lepsius: Deutschlands chemische Industrie. 1888—1913. Berlin 1914.

Veränderungen im Apothekenwesen unter dem Einfluß der Industrie. 5

Eine bedeutende Rolle spielen auch die großen Anilinfabriken, die sich in ausgedehntem Maße mit der Verarbeitung der Teerfarben=Zwischenprodukte zu pharmazeutischen Präparaten befassen, z. B.

die Farbenfabriken vorm. Friedr. Bayer & Co. in Leverkusen,

die Höchster Farbwerke vorm. Meister Lucius & Brüning, Kalle & Co. in Biebrich,

die Aktiengesellschaft für Anilinfabrikation in Berlin.

Neben den ausgesprochenen Großbetrieben besteht eine große Anzahl mittlerer und kleinerer Betriebe, die sich entweder ausschließlich oder zum Teil der Herstellung pharmazeutischer Präparate widmen. Genaue statistische Angaben liegen darüber allerdings nicht vor. Sowohl die Veröffentlichungen der Reichsgewerbestatistik als auch die Berichte der Berufsgenossenschaft der chemischen Industrie enthalten keine besondere für sich abgeschlossene Gruppe der pharmazeutischen Produktion; sie können auch das Gebiet der Heilmittelerzeugung nicht separat erfassen, weil die meisten der in Frage kommenden Betriebe sich nicht auf die Herstellung pharmazeutischer Präparate beschränken, sondern auch andere chemische Präparate für technische Zwecke erzeugen. Immerhin bietet die Statistik einige Anhaltspunkte, die einen Rückschluß darauf zulassen, daß sich die industrielle Heilmittelerzeugung in ständigem Vordringen befindet. Die Berufs= und Gewerbezählung vom 14. Juni 1896 verzeichnete in der Gruppe VII b „Anfertigung chemischer pharmazeutischer und photographischer Präparate" 1453 Betriebe mit 12699 Arbeitern.

Der Bericht der Berufsgenossenschaft der chemischen Industrie für 1919 zählt dagegen für dieselbe Gruppe bereits

1643 Betriebe mit 65153 versicherten Personen.

Die Zahl der Arbeiter hat sich also in dieser Gruppe in 24 Jahren auf mehr als das Fünffache erhöht. Allerdings ist diese rapide Zunahme wohl zu einem erheblichen Teile der vermehrten Erzeugung von chemischen Präparaten zu technischen Zwecken zuzuschreiben, aber es liegt kein Grund zu der Annahme vor, daß die Heilmittelerzeugung nicht auch ihren Anteil daran habe.

Übrigens umfaßt die Gruppe „Anfertigung chemischer, pharmazeutischer und photographischer Präparate" nicht das gesamte Gebiet der industriellen pharmazeutischen Produktion. Es kommen vielmehr auch andere Gruppen der Reichsgewerbestatistik in Betracht, besonders

VII a: Chemische Großindustrie,

VII d 3: Anilin= und Anilinfarben=Fabrikation,

VII d 4: Herstellung sonstiger Steinkohlen= und Kohlenteerderivate,

VIII a 3: Herstellung von ätherischen Ölen und Parfüms.

Alle diese Gruppen haben ebenfalls eine erhebliche Zunahme der Arbeiterzahl zu verzeichnen, und die von verschiedenen Unternehmungen — wenn auch nur nebenbei — betriebene Erzeugung pharmazeutischer Präparate dürfte daran nicht unbeteiligt sein.

II.

Wenn wir den Triebkräften nachzuspüren versuchen, welche den Übergang der pharmazeutischen Produktion von der Apotheke zur Industrie veranlaßt oder begünstigt haben, so muß in erster Linie der gewaltige Aufschwung der pharmazeutischen Chemie in Betracht gezogen werden.

Unter dem Gesichtspunkte der Konkurrenz zwischen Industrie und Apotheke läßt sich die große Zahl der verschiedenen pharmazeutischen Produkte in zwei Gruppen teilen:

1. in spezifische Industriepräparate, d. h. in Produkte, die in den Apotheken mit ihren einfachen Betriebsmitteln entweder überhaupt nicht oder nur mit verhältnismäßig großen Schwierigkeiten hergestellt werden können oder deren Herstellung in dem kleinen Apothekenlaboratorium jedenfalls durchaus unlohnend und unwirtschaftlich wäre,

2. in Präparate, die auch in Apotheken erzeugt werden können und zum Teil auch heute noch hergestellt werden.

Zu der zweiten Gruppe gehören die sog. galenischen Präparate, d. h. Mischungen oder andere Zubereitungen, bei deren Herstellung eine chemische Verbindung der verwendeten Stoffe nicht eintritt, aber auch gewisse einfachere chemische Präparate.

Nun hat aber die erstere Gruppe von Präparaten durch die Entwicklung der pharmazeutischen Chemie sich ständig vermehrt und an Wichtigkeit gewonnen. Dadurch hat die zweite Gruppe ganz von selbst relativ an Terrain verloren, ganz abgesehen davon, daß manche Präparate dieser Art im Laufe der Zeit absolut geworden und aus dem Arzneischatze verschwunden sind.

Es kann nicht die Aufgabe dieser Arbeit sein, eine Geschichte der pharmazeutischen Chemie zu bieten. Jedoch sind einige Andeutungen darüber am Platze, wie sich durch die wissenschaftlichen Fortschritte die Zahl der spezifischen Industrieprodukte vermehrt hat:

1. Von besonderer Wichtigkeit war der Umstand, daß es der Chemie allmählich gelang, die wirksamen Bestandteile vieler Drogen in chemisch reiner Form darzustellen. Es sei nur an Morphium, Kodein, Chinin, Kokain, Atropin, Digitalin, Veratrin, Santonin erinnert. Die Herstellung dieser und anderer Pflanzenalkaloide

wurde alsbald von der Industrie in Angriff genommen und hat die aus den Drogen gewonnenen galenischen Präparate — Tinkturen, Extrakte usw. — vielfach verdrängt.

2. Dazu kam die Entdeckung der heilkräftigen Wirkungen vieler bereits bekannter chemischer Stoffe. Erwähnt seien beispielsweise das 1832 von Liebig entdeckte Chloralhydrat, das die Scheringsche Fabrik 1869 auf Veranlassung von Liebreich als Schlafmittel in den Arzneischatz einführte, und das Azetanilid, dessen fieberstillende Eigenschaft 1887 durch eine zufällige Verwechslung entdeckt wurde.

3. Besonders in den letzten Jahrzehnten hat die synthetische Darstellung von Heilmitteln eine überaus große Bedeutung gewonnen. Es handelt sich dabei sowohl um den synthetischen Aufbau bereits bekannter Pflanzenalkaloide als auch um neue chemische Verbindungen von heilkräftiger Wirkung. Eine große Anzahl der heute in Gebrauch befindlichen Arzneimittel, besonders der Schlafmittel und der schmerzstillenden Mittel, sind synthetischen Ursprungs. Fruchtbringend war in dieser Beziehung besonders auch die systematische Forschungsarbeit in den Laboratorien der großen Teerfarbenfabriken.

4. Erwähnung verdienen auch die Forschungsresultate der sog. Organotherapie. Bekannt ist das Adrenalin, ein Alkaloid animalischen Ursprungs, aus der Nebenniere gewonnen, das auch synthetisch hergestellt und unter dem Namen Suprarenin als blutstillendes Mittel von den Höchster Farbwerken in den Handel gebracht wird.

5. In der Neuzeit haben dann schließlich die Erzeugnisse der Serumtherapie eine große Bedeutung gewonnen. Nach Lepsius[1]) werden in den Höchster Farbwerken bereits 36 verschiedene Produkte bakteriologischer Art hergestellt. In gleicher Richtung arbeitet die von Paul Ehrlich begründete Chemotherapie, deren bekanntes und noch viel umstrittenes Erzeugnis das Salvarsan ist.

Alle diese verschiedenartigen Erzeugnisse gehören nach ihrer Herstellungsweise zur Domäne der Industrie, und es ist erklärlich, daß die in den Apotheken herstellbaren Produkte dadurch in den Hintergrund gedrängt worden sind. Dr. Springfeld hat bereits in seiner 1896 erschienenen Schrift[2]) darauf hingewiesen, daß in der zweiten Ausgabe des Deutschen Arzneibuches (1892) von 167 chemischen Präparaten 131 ohne Darstellungsvorschrift waren, also damals bereits als spezifische Industriepräparate betrachtet worden sind. Die ganze Pharmkaopöe enthielt nach Springfeld überhaupt nur

---

[1]) Lepsius: Deutschlands chemische Industrie. 1888—1913. Berlin 1914.
[2]) Springfeld: Zur Entwicklungsgeschichte der Apothekenreform. Leipzig 1896.

297 Darstellungsvorschriften, die zum größten Teile galenische Präparate betrafen. In der jetzt geltenden 5. Ausgabe des Arzneibuches (1910) hat sich das Verhältnis noch mehr zuungunsten der Eigenproduktion der Apotheken verschoben. Sie enthält nur 240 Darstellungsvorschriften.

III.

Die Industrie hat es aber auch verstanden, in das Gebiet der oben erwähnten zweiten Gruppe pharmazeutischer Präparate einzudringen und die Selbsterzeugung der Apotheken immer mehr zurückzudrängen. Hierbei ist es weniger der Fortschritt der Wissenschaft, der als treibender Faktor die Produktionsverhältnisse umgestaltet; vielmehr ist es die technische, organisatorische und wirtschaftliche Überlegenheit der Industrie, die sich in hohem Grade bemerkbar macht.

Der für eine große Zahl von Abnehmern oder auch für die Drogen- und Chemikaliengroßhandlungen arbeitende Fabrikbetrieb kann weit größere Mengen von Drogen und chemischen Rohstoffen verarbeiten als der einzelne Apotheker für seinen eigenen Bedarf braucht. Auf lange Zeit hinaus kann der Apotheker keine Vorräte herstellen, da viele Arzneimittel in ihrer Haltbarkeit beschränkt sind. Außerdem würde ein übermäßiger Lagervorrat an den zahlreichen Mitteln des Arzneischatzes ein erhöhtes Betriebskapital erfordern und die Rentabilität der Apotheken beeinträchtigen.

Die Verarbeitung größerer Mengen kann aber naturgemäß mit verhältnismäßig erheblich geringerem Aufwande ausgeführt werden. Der Fabrikant kann sich die Vorteile der Arbeitsteilung zunutze machen, vorteilhaftere Arbeitsmethoden anwenden und schließlich, eben infolge der Arbeitsteilung, in ausgedehnterem Maße billigere Arbeitskräfte beschäftigen als der Apotheker, in dessen Laboratorium ein wissenschaftlich gebildeter Defektar vielleicht mit einer einzigen Hilfskraft, ja mitunter sogar allein, seine Tätigkeit ausübt.

Die Beschränkung auf einzelne Spezialartikel ermöglicht es selbst kleineren Fabriken und pharmazeutischen Laboratorien in dieser Weise vorteilhaft zu arbeiten. Darauf dürfte es zurückzuführen sein, daß neben den weltbekannten großen Unternehmungen zahlreiche Kleinbetriebe in der pharmazeutischen Industrie existieren.

Der Fabrikant kann ferner die Rohstoffe in größeren Mengen billiger beschaffen als der Apotheker. Für den Drogen- und Chemikaliengroßhändler muß zur Vereinfachung seines Geschäftsbetriebes und zur Verringerung seiner Geschäftsunkosten die Kundschaft größerer Abnehmer sehr erwünscht sein und er kann ihnen bei

Veränderungen im Apothekenwesen unter dem Einfluß der Industrie. 9

größerem Bezuge billigere Preise und vorteilhaftere Bezugsbedingungen einräumen als dem kleinen Apothekerkunden.

Der Vorteil des billigeren Bezugs von Rohstoffen tritt besonders dort in die Erscheinung, wo eine Drogengroßhandlung mit einer pharmazeutischen Fabrik verbunden ist. Die durch die Drogengroßhandlung billig bezogenen Rohstoffe ermöglichen eine billige Preisstellung der in den angeschlossenen Fabriken erzeugten Präparate. Die allgemeinen Unkosten des Unternehmens erhöhen sich nicht erheblich, wenn zu dem für den Drogengroßhandlung bereits vorhandenen geschäftlichen Apparate noch der Betrieb einer pharmazeutischen Fabrik hinzutritt.

Aus diesem Grunde sind den Drogengroßhandlungen meistens pharmazeutische Fabriken angegliedert. Ein bekanntes Beispiel dieser Art ist das Unternehmen von Gehe & Co. in Dresden.

Ähnliches gilt für chemische Fabriken, welche die von ihnen selbst hergestellten Stoffe zum Teil gleich zu Fertigfabrikaten weiter verarbeiten.

Ein interessantes Beispiel dafür, wie sich große Unternehmungen der chemischen Industrie pharmazeutische Abteilungen angegliedert haben, bieten in erster Linie die großen Teerfarbenfabriken, vor allem die Farbenfabriken vorm. Friedr. Bayer in Leverkusen und die Höchster Farbwerke. Hier handelt es sich besonders um die vorteilhafte Verwertung gewisser Zwischenprodukte und Abfälle, für die auf diese Weise ein großes Feld ungeahnter lukrativer Verwendung geschaffen wurde. Die Vorteile der vertikalen Konzentration machen sich dabei in hohem Grade geltend.

Selbstverständlich ist es auch die Möglichkeit der Ausnutzung der motorischen Betriebskraft und geeigneter Arbeitsmaschinen, die der Industrie ein erhebliches Übergewicht über den Laboratoriumsbetrieb der Apotheken verleiht. Die fortschreitende Entwicklung der Technik hat der chemischen Industrie und mit ihr der Arzneimittelerzeugung eine höhere Produktivität verschafft. Der Ausbau und die Ausnutzung geeigneter Maschinenanlagen lassen den industriellen Großbetrieb erheblich wirtschaftlicher arbeiten als den Kleinbetrieb der Apotheken.

Viele chemische Fabriken befassen sich auch mit der Erzeugung pharmazeutischer Präparate, um die für andere Zwecke bereits vorhandenen technischen Betriebsanlagen besser auszunutzen.

Alle diese Vorzüge des industriellen Betriebes mußten um so mehr ins Gewicht fallen, je mehr durch die Verbesserung des Verkehrswesens und die Verbilligung der Transportkosten der natürliche Vorteil der Verbindung des Erzeugungsortes mit dem Orte des Verbrauchs in den Hintergrund trat. Vielfach sind die Versand=

spesen der fertigen Präparate — infolge der Zunahme der stofflich konzentrierten Arzneimittel — geringer als diejenigen der Rohstoffe.

In gewissem Grade kann allerdings der Apothekenbetrieb dem industriellen Betriebe gegenüber für die Arzneimittel-Erzeugung den günstigeren Standort darstellen, insoweit nämlich, als der Apotheker in der Lage ist, die für seinen Bedarf erforderlichen Drogen ohne Einkaufs- und Transportspesen unmittelbar vom Orte des Wachstums zu beziehen. Es kommen dafür drei Möglichkeiten in Betracht:

1. der Einkauf von wild wachsenden Drogen von Sammlern aus der örtlichen Umgebung,
2. der unmittelbare Einkauf von Kulturdrogen in Gegenden, wo der Anbau solcher Drogen üblich ist,
3. die Gewinnung von Drogen im eigenen Garten.

In früheren Zeiten haben diese Möglichkeiten unmittelbarer Rohstoffversorgung für den Apotheker besonders in ländlichen Gegenden eine nicht unerhebliche Rolle gespielt; durch die allgemeine wirtschaftliche Entwicklung haben sie sich indessen auf ein Minimum reduziert. Das Sammeln wild wachsender Drogen kommt aus verschiedenen Gründen in nennenswertem Umfange nur noch vereinzelt vor, und die Gewinnung von Kulturdrogen hat sich im großen und ganzen in gewissen Gegenden konzentriert, wo die Erzeugnisse gleich von benachbarten Drogengroßhandlungen aufgekauft werden. Die eigene Züchtung von Arzneipflanzen ist wiederum nicht überall möglich und mit allerlei Umständlichkeiten verknüpft, die sich mit dem eigentlichen Apothekenbetriebe und der damit verbundenen vielseitigen Inanspruchnahme des Apothekenbesitzers oft nicht vereinbaren lassen.

Es kommt noch folgendes hinzu: Je mehr sich der Arzneimittelschatz erweitert, je mehr die für die Eigenproduktion des Apothekers noch in Betracht kommenden Präparate im gesamten Arzneischatze zurücktraten und an Bedeutung verloren, desto mehr mußte sich der Umsatz des einzelnen Artikels in der einzelnen Apotheke verringern. Damit wurde aber die Selbstherstellung solcher Präparate für den Eigenbedarf des Apothekenbetriebes immer weniger lohnend.

So erklärt es sich, daß die Apotheken namentlich in größeren Städten auch die galenischen Präparate meist fertig von der Industrie beziehen. Nur in sehr kleinen Betrieben, wo es sich für den Besitzer darum handelt, seine freie Zeit irgendwie auszufüllen, mag die Selbstherstellung einzelner Präparate noch lohnend sein. Manchmal ist es auch nur das wissenschaftliche Interesse, das den Apothekenbesitzer veranlaßt, die Eigenproduktion nicht völlig aufzugeben.

IV.

Auch verschiedene Gründe allgemeiner wirtschaftlicher Natur haben den Aufschwung der pharmazeutischen Industrie begünstigt.

Der Entwicklung des Verkehrswesens und seiner wirtschaftlichen Wirkungen ist bereits gedacht worden. Von großer Wichtigkeit war ferner die Erleichterung der Beschaffung von Betriebsmitteln durch die enorme Entwicklung des Bankwesens sowie durch die Möglichkeit der Bildung neuer Gesellschaftsformen, insbesondere durch die Gründung von Aktiengesellschaften. Nachdem durch die neuere Gestaltung des Handelsrechts die rechtliche Grundlage geschaffen war, hat sich das Aktienwesen in Deutschland bekanntlich in ausgedehntem Maße entwickelt, und die chemisch-pharmazeutische Industrie hat daran einen großen Anteil. Die meisten großen Unternehmungen des Gewerbezweiges werden in der Form von Aktiengesellschaften betrieben.

Ein Umstand, dem die industrielle pharmazeutische Produktion eine starke Förderung verdankt, war auch der befruchtende Einfluß anderer Zweige der chemischen Industrie. Es sei wiederholt an die deutsche Teerfarbenindustrie erinnert; wie sich diese Industrie durch ihre hervorragenden Leistungen einen Weltruf und beinahe ein Weltmonopol verschafft hat, so hat sie auch durch ihre systematische Forschungsarbeit der Arzneimittelerzeugung neue Bahnen gewiesen. Wie groß die Überlegenheit Deutschlands auf diesem Gebiete war, ist während des Weltkrieges in der Preisgestaltung gewisser pharmazeutischer Präparate bei uns und in den feindlichen Ländern kraß in die Erscheinung getreten. Nach Prof. Dr. Straub[1]) kostete z. B. das Kilo

Azetanilid:	1914 in Deutschland und England	1,80 M.
	1915 in Deutschland	3,80 „
	1915 in England	12,50 „
Aspirin:	1914 in Deutschland und England	4,10 „
	1915 in Deutschland	5,60 „
	1915 in England	105,— „
Phenazetin:	1914 in Deutschland und England	6,50 „
	1915 in Deutschland	7,90 „
	1915 in England	95,— „
Phenolphthalein:	1914 in Deutschland und England	9,— „
	1915 in Deutschland	10,75 „
	1915 in England	47,50 „

Wie andere Zweige der chemischen Industrie, so hatte sich auch die Arzneimittelerzeugung in Deutschland in erheblichem Maße zu

---

[1]) Straub: Industrie der Arzneimittel. Aufsatz im Sonderheft der „Süddeutschen Monatshefte", März 1918.

einer Exportindustrie entwickelt. So berichtet z. B. Wichelhaus[1]), daß Deutschland 70% des auf der Erde erzeugten Chinins liefere, davon aber nur 5% verbrauche, während die übrige Menge ausgeführt wird. Erhebliche Ausfuhrüberschüsse wurden nach Wichelhaus auch in Chloroform, Azetanilid und Antipyrin erzielt. Die innere Kräftigung, welche die industrielle Arzneimittelerzeugung durch den Export erlangte, mußte natürlich auch auf ihre Stellung in der heimischen Produktion zurückwirken und ihre Überlegenheit über den kleinen Apothekenbetrieb verstärken.

Von weittragenden Folgen war ferner die Erschließung der Kalilager in Mitteldeutschland, die der chemischen Industrie wiederum ein großes Betätigungsfeld eröffnete. Für die Pharmazie kommen dabei besonders Brom, Magnesium, Kalium und Natrium in Betracht, welche die Grundstoffe für eine große Reihe pharmazeutischer Präparate bilden.

Diese und viele andere chemische Grundstoffe dienen allerdings auch zur Erzeugung von Präparaten für technische Zwecke, und hierin liegt wohl der wichtigste Grund dafür, daß die Herstellung technischer Präparate in vielen chemischen Fabriken mit der Arzneimittelfabrikation verbunden ist. Der Zusammenhang der pharmazeutischen Produktion mit anderen Zweigen der chemischen Industrie ist hier unverkennbar. Manche chemische Fabrik hat mit der Erzeugung technischer Präparate begonnen und ist erst später auch zur Arzneimittelherstellung übergegangen. So berichtet z. B. Schelenz[2]), daß Schering in seiner in den fünfziger Jahren gegründeten Fabrik zunächst Präparate für photographische Zwecke hergestellt hat, denen sich erst nach und nach pharmazeutische Präparate anschlossen.

In der Verwertung gemeinsamer Grundstoffe für technische und pharmazeutische Zwecke und der damit verknüpften besseren Ausnutzung der Betriebsanlagen bietet sich ein klassisches Beispiel horizontaler Konzentration, die der chemischen Industrie überhaupt in weitgehendem Maße eigentümlich ist. Die Stellung der industriellen Arzneimittelerzeugung konnte durch diese Verbindung natürlich nur gefestigt werden.

Von nicht zu unterschätzendem Einfluß auf die Entwicklung der industriellen Produktion war schließlich auch die

gewerbliche Schutzgesetzgebung.

Das Patentgesetz kommt hierbei allerdings weniger in Betracht, da nicht Arzneimittel an sich, sondern nur bestimmte Darstellungs-

---

[1]) Wichelhaus: Wirtschaftliche Bedeutung chemischer Arbeit. Braunschweig 1900.
[2]) Schelenz: Geschichte der Pharmazie, S. 770. Berlin 1904.

Veränderungen im Apothekenwesen unter dem Einfluß der Industrie. 13

verfahren patentamtlich geschützt werden können; immerhin gibt es doch eine große Anzahl von pharmazeutischen Präparaten, die nur nach einem bestimmten, durch Patent geschützten Verfahren hergestellt werden können und somit der Erzeugung in der Apotheke entzogen sind.

Von weit größerer Bedeutung als das Patentgesetz ist aber für die pharmazeutische Produktion das Reichsgesetz zum Schutz der Warenbezeichnungen geworden. Es gibt Tausende von pharmazeutischen Präparaten, die — meist als sog. Spezialitäten — in besonderer Fabrikpackung unter einem gesetzlich geschützten Namen in den Handel kommen. Solche Präparate werden gewöhnlich mit einem großen Reklameaufwand in Ärztekreisen und besonders auch durch die Tagespresse dem Publikum bekanntgemacht und auf diese Weise eingeführt. Je mehr sich aber derartige Fabrikate einbürgern, desto mehr muß naturgemäß der Absatz der in den Apotheken hergestellten Präparate relativ zurückgehen.

Die von der pharmazeutischen Technologie geschaffene Möglichkeit, gebrauchsfertige, genau dosierte Arzneiformen von großer Genauigkeit und Haltbarkeit herzustellen, hat den geschilderten Entwicklungsprozeß begünstigt. Die Herstellung von Tabletten und ähnlichen Arzneiformen hat der industriellen Erzeugung einen weiten Spielraum verschafft und die Selbsterzeugung in den Apotheken noch weiter zurückgedrängt.

Es kommt noch hinzu, daß die ausgedehnte Forschungsarbeit in den chemischen Laboratorien der Großbetriebe zur Entdeckung neuer chemischer Verbindungen von großer Heilwirkung geführt hat, für die patentamtlicher Schutz erworben wurde und die nunmehr als Spezialerzeugnisse der darstellenden Firmen ihren Weg in die Welt nehmen. Der Weltruf dieser Unternehmungen ermöglicht es ihnen, ihre Präparate ohne Schwierigkeit einzuführen und auf dem Arzneimittelmarkt unterzubringen.

V.

Es liegt auf der Hand, daß die geschilderte Entwicklung im Apothekenbetriebe wesentliche Veränderungen hervorgerufen hat. Das Laboratorium ist in den meisten Apotheken völlig verödet oder wird wenigstens nur noch gelegentlich in unbedeutendem Maße benutzt. Die praktische Erfahrung zeigt, daß die Apotheke heute — abgesehen von der Anfertigung von Arzneien auf besondere ärztliche Verordnung — ohne jedwede Eigenproduktion als reines Handelsgeschäft geführt werden kann.

Es besteht aber immer noch eine Eigentümlichkeit des Apothekengewerbes, die ihm zum Unterschied von anderen Handelszweigen einen besonderen Charakter verleiht. Diese Besonderheit ist die Rezeptur.

Was ist Rezeptur? Nach dem Wortsinn ist danach die Abgabe von Arzneien auf besondere ärztliche Verordnung (Rezept) zu verstehen. Indessen wird durch diese Verbaldefinition der besondere Charakter des Tätigkeitsgebietes nicht klargestellt, denn es kann an sich keinen Unterschied machen, ob eine Arznei vom Käufer mündlich verlangt oder auf Grund einer ärztlichen Verordnung gefordert wird. Vielfach müssen aber die Arzneien erst nach der gegebenen ärztlichen Vorschrift durch Mischung oder besondere Herrichtung verschiedener Stoffe zur Abgabe an den Verbraucher zubereitet werden. Diese Zubereitungsarbeit stellt das eigentliche Wesen der Rezeptur dar; sie bildet im wirtschaftlichen Prozeß eine Zwischenstufe zwischen Produktion und Handel.

Diese Besonderheit des Arzneimittelwesens beruht auf der Notwendigkeit weitgehender Individualisierung in der Krankenbehandlung. Es werden je nach der Individualität des Kranken und nach den oft sehr weit voneinander abweichenden therapeutischen Grundsätzen der einzelnen Ärzte Arzneien in der verschiedenartigsten Zusammensetzung verlangt. Der weitgehenden Differenzierung des Bedarfs kann aber die pharmazeutische Produktion nicht in der Weise entsprechen, daß jede Arznei in jeder möglichen Zusammensetzung als Lagerware hergestellt und vorrätig gehalten wird. Auch die begrenzte Haltbarkeit dieser Mischungen macht es zur Unmöglichkeit, jedem einzelnen Bedarfsfall mit fertig auf Vorrat gehaltener Ware zu genügen. Daraus erwuchs die Notwendigkeit, bestimmte Grundstoffe oder einfachere zusammengesetzte Arzneimittel vorrätig zu halten und erst durch deren Mischung oder Aufbereitung im Einzelfalle die fertige Arznei herzustellen.

Es besteht also zwischen der Produktion pharmazeutischer Lagerware und den Bedürfnissen der Verbraucher ein gewisser Abstand, der durch die Rezepturtätigkeit des Apothekers überbrückt wird. Dieser Abstand hat sich aber durch die industrielle pharmazeutische Produktion bereits wesentlich verringert.

Vereinfacht hat sich die Rezeptur gegenüber früheren Zeiten
1. durch die ausgedehnte industrielle Herstellung chemisch reiner Arzneimittel, die im Einzelfall umständlichere Zubereitungen aus Drogen und anderen Rohstoffen überflüssig machen,
2. durch die industrielle Herstellung von Halbfabrikaten (Salbengrundlagen, Pillenmassen usw.).

Es ist aber der Industrie auch gelungen, durch Herstellung haltbarer gebrauchsfertiger Präparate in verschiedenartigster Zusammen-

Veränderungen im Apothekenwesen unter dem Einfluß der Industrie. 15

setzung die Notwendigkeit der Rezeptur überhaupt in sehr weitgehendem Maße einzuschränken. Es kommt bereits eine große Menge von Arzneimitteln in der verschiedenartigsten Zusammensetzung in abgabefertiger dosierter Form — in Gestalt von Tabletten, Pillen u. dgl. — auf den Markt. Soweit solche abgabefertigen Mittel gebraucht werden, ist für die Rezepturtätigkeit des Apothekers kein Bedürfnis mehr vorhanden.

Die Ärzte haben sich in ihrer Verschreibweise den erhöhten Leistungen der Industrie angepaßt, verordnen ihren Patienten bereits vielfach fertige Industriepräparate und nehmen nur noch in geringem Maße Veranlassung, Arzneien in besonderer, von ihnen selbst bestimmter Zusammensetzung zu verschreiben. Mitwirkend ist dabei wohl auch der Umstand, daß die pharmakologische und pharmakognostische Ausbildung der Ärzte durch die ungeheure Ausdehnung des Arzneifaches erheblich erschwert worden ist. In Betracht kommt ferner die suggestive Wirkung der industriellen Reklame.

Allerdings machen sich auch gegensätzliche Bestrebungen unter den Ärzten bemerkbar, die wohl hauptsächlich durch die Beobachtung veranlaßt werden, daß die Verschreibung gebrauchsfertiger Präparate das Publikum häufig dazu verleitet, in späteren Bedarfsfällen die Ärzte zu umgehen, soweit es sich um Präparate handelt, die ohne ärztliche Verordnung abgegeben werden dürfen. Diese Bestrebungen werden aber vielfach durch die Patienten durchkreuzt. Es kommt nicht selten vor, daß die Patienten ausdrücklich von ihren Ärzten die Verschreibung von Spezialitäten verlangen, deren Wirksamkeit ihnen durch die industrielle Reklame glaubhaft gemacht worden ist.

Es mag dahingestellt bleiben, ob bei der heutigen Leistungsfähigkeit der Industrie bereits die Möglichkeit besteht, die Rezeptur überhaupt zu vermeiden oder wenigstens auf besondere Ausnahmefälle zu beschränken. Jedenfalls ist es Tatsache, daß die Rezeptur unter dem Einfluß der fortgeschrittenen pharmazeutischen Produktion bereits in starkem Maße zurückgegangen und durch fertige Präparate ersetzt worden ist. Es machen sich in dieser Beziehung bereits die ersten Anfänge einer Mechanisierung des Apothekenbetriebes bemerkbar.

Für die Apotheker ist die Einschränkung der Rezeptur aus ideellen und wirtschaftlichen Gründen von Interesse. Wirtschaftlich bedeutet sie eine Verringerung der Einnahmen, aber auch — durch die Vereinfachung des Betriebes — eine Herabsetzung der Unkosten.

Aus dem Gesichtspunkt des ökonomischen Prinzips (Erreichung des gegebenen Zweckes mit möglichst geringem Kraftaufwande) dürfte die Herstellung gebrauchsfertiger Präparate einen Fortschritt darstellen, da im allgemeinen angenommen werden muß, daß die fabrikmäßige Verarbeitung der Rohsubstanzen zu gebrauchsfertigen Präparaten einen geringeren Arbeitsaufwand erfordert als die Einzelzubereitung der Arzneien in der Apotheke. Indessen kommt dieser Fortschritt praktisch meist nicht zur Geltung, da die Preise solcher Präparate oft unverhältnismäßig hoch sind. Hierbei scheint sowohl der Reklameetat eine Rolle zu spielen als auch die Ausnutzung der Monopolstellung, welche die Erzeuger bekannter Spezialitäten durch Patente oder Warenzeichen und schließlich durch die Wirkungen der Reklame selbst mehr oder weniger erlangt haben.

VI.

Während sich die Industrie auf der ganzen Linie im Vormarsch befindet und das Tätigkeitsgebiet des Apothekers immer mehr einengt, greift der Apotheker selbst vielfach in das Gebiet der Industrie hinüber und wird seinerseits zum Fabrikanten. Große industrielle Betriebe, z. B. Merck, Riedel, Schering sind aus Apotheken hervorgegangen; aber nicht von diesen Großbetrieben — die längst aus dem engen Rahmen des Apothekenbetriebes herausgewachsen sind oder von Anfang an auf breiterer Grundlage aufgebaut waren — soll hier die Rede sein, auch nicht von kleineren Betrieben gleichen Ursprungs, sondern von fabrikatorischer Tätigkeit im Apotheken=laboratorium selbst. Es gibt eine nicht unerhebliche Anzahl von Apotheken, die eine ausgedehnte Laboratoriumsarbeit entwickeln, allerdings nicht mehr — wie früher — für den eigenen Bedarf, für den Absatz im eigenen Geschäft, sondern für den Verkauf der von ihnen hergestellten Erzeugnisse an andere Apotheken. Sowohl bestimmte fertig dosierte und abgepackte Spezialitäten wie auch gale=nische Präparate werden in vielen Apotheken in größeren Mengen erzeugt und in den Handel gebracht. Wenn auch diese industrielle Produktion der Apotheker nur einen kleinen Teil der pharmazeuti=schen Gesamtproduktion bilden mag, so ist sie doch immerhin nicht ohne Bedeutung. In den pharmazeutischen Fachzeitschriften finden sich fortlaufend Ankündigungen von Apotheken, die einzelne selbst hergestellte Spezialpräparate anbieten.

Die Möglichkeit, in dieser Weise wirtschaftlich vorteilhaft zu arbeiten, ist in der Vielgestaltigkeit der pharmazeutischen Produktion und der Mannigfaltigkeit der Herstellungsmethoden begründet. So unrationell es wäre, wenn der Apotheker heute noch die große Zahl der an sich im Apothekenlaboratorium herstellbaren Arzneimittel in der für den eigenen Bedarf gebrauchten geringen Menge selbst er=zeugen wollte, so lohnend kann die Laboratoriumsarbeit sein, wenn sich der Apotheker auf einzelne Erzeugnisse beschränkt, und zwar auf

Veränderungen im Apothekenwesen unter dem Einfluß der Industrie. 17

solche Präparate, deren Herstellung auch in einem kleinen Laboratorium technisch möglich und wirtschaftlich vorteilhaft ist.

Für viele pharmazeutische Produkte ist der Kleinbetrieb durchaus konkurrenzfähig. Es wäre eine falsche Verallgemeinerung, wenn aus der auch in der pharmazeutischen Produktion vielfach zu beobachtenden technischen und wirtschaftlichen Überlegenheit des Großbetriebes geschlossen werden würde, daß der Kleinbetrieb in jedem Falle und unter allen Umständen dem Großbetrieb unterlegen wäre. Die Mannigfaltigkeit und Verschiedenartigkeit der pharmazeutischen Produktion ermöglicht es vielmehr, daß die verschiedensten Betriebsformen, vom großen Fabrikbetriebe bis zum kleinen Laboratorium, nebeneinander bestehen können. Voraussetzung für die letzteren ist, wie bereits erwähnt, lediglich eine weise Beschränkung in der Erzeugung konkurrenzfähiger und guter Präparate.

Man könnte diese Fabrikationstätigkeit einer Reihe von Apotheken — Herstellung einzelner Präparate für den Absatz im Großhandel — als den Beginn einer Industrialisierung des Apothekenwesens bezeichnen, wenn nicht doch erhebliche Bedenken darin bestünden, ob die immerhin noch in den Anfängen stehende Verbindung der eigentlichen Apothekenarbeit mit industrieller Produktion weiterer erheblicher Ausdehnung fähig ist.

Hier bestehen gewisse Schwierigkeiten, die weniger im Bereiche der Produktion selbst als auf dem Gebiete des Absatzes liegen.

Es ist für den einzelnen Apotheker vorteilhaft, wenigstens den größten Teil seiner Waren von einer einzigen Bezugsquelle zu beziehen oder zumindest nur mit wenigen Lieferanten in Verbindung zu stehen. Er kann dann größere Sendungen beziehen und erspart Art- und Bezugsspesen. Der Lieferant, der ihn als guten Kunden schätzt, wird ihm auch günstigere Lieferungsbedingungen als sonst einräumen. Diesem Bedürfnis des einzelnen Apothekers entsprechen die Drogengroßhandlungen, die neben Drogen und Chemikalien nicht nur Fabrikate der meist mit ihnen verbundenen pharmazeutischen Fabriken, sondern auch Erzeugnisse anderer Fabriken vertreiben und den Bedarf der Apotheke fast ausschließlich zu decken vermögen. Diese Umstände verleihen der Drogengroßhandlung einen erheblichen Vorsprung vor dem kleinen Produzenten, der nur einzelne Präparate für den Absatz an Apotheken und vielleicht auch an Drogenkleinhandlungen herstellt.

Der einzelne Abnehmer wird wenig geneigt sein, den Kreis seiner Lieferanten zu erweitern, wenn ihm nicht ein besonders vorteilhaftes Gebot gemacht wird.

Der kleine Produzent wird, wenn er direkt den Absatz an Apotheken und Drogenkleinhandlungen sucht, unter diesen Umständen regelmäßig erhebliche Absatzspesen (für Reklame, für Reisende und Agenten usw.) aufwenden müssen, welche die Rentabilität seines Unternehmens beeinträchtigen. Der Absatz seiner Präparate an Drogengroßhandlungen hingegen wird sich entweder überhaupt nicht oder nur dann ermöglichen lassen, wenn er sich mit einem ungewöhnlich geringen Nutzen begnügt. In Großstädten und dicht bevölkerten Landstrichen, wo auf verhältnismäßig kleinem Raum eine größere Anzahl von Abnehmern Platz findet, ist der direkte Absatz einzelner Präparate kleinerer Produzenten an Apotheken und Drogenkleinhandlungen noch am ehesten möglich.

VII.

Die geschilderte Entwicklung hat im Apothekengewerbe gewisse Konzentrationsbestrebungen hervorgerufen. Dabei sind drei Richtungen zu unterscheiden:

1. Konzentration des Absatzes der in einzelnen Apotheken für den Absatz an andere Apotheken hergestellten Erzeugnisse (Absatzgenossenschaften).

Solche Genossenschaften sind die ursprünglich im Rahmen des Wirtschaftsverbandes Deutscher Apotheker gegründete und von ihrem Organisator, Apothekenbesitzer Dr. Wild in Eupen, weitergeführte Verunda und die derzeitige Ein= und Verkaufsorganisation des Wirtschaftsverbandes, die Providea.

Diese Genossenschaften teilen das Schicksal, daß gleichartige Unternehmungen in anderen Gewerbezweigen gehabt haben; sie haben mit der übermächtigen Konkurrenz des alteingeführten, über große Mittel und ausgezeichnete Verkaufsorganisationen verfügenden Großhandels zu kämpfen und können nur geringe Erfolge erzielen. Gerade die leistungsfähigeren Apothekenlaboratorien haben es deshalb meist vorgezogen, durch eigene Reklame oder durch Verbindung mit Drogengroßhandlungen ihren Absatz zu vergrößern. Für die leistungsfähigeren Betriebe, die naturgemäß auf eine Erweiterung ihres Absatzgebiets bedacht sein mußten, fielen bei vergrößertem Umsatz und rationeller Geschäftsführung die Spesen der direkten Kundenwerbung und die Rabatte für die Großhändler relativ weniger ins Gewicht; sie fanden in der Erweiterung des Umsatzes einen genügenden Ausgleich für die Schmälerung des Verdienstes. Was den Genossenschaften verblieb, waren die weniger leistungsfähigen Kleinbetriebe, die über eine sehr begrenzte Ausdehnung nicht hinauskamen. Mit den Erzeugnissen dieser Herstellungsstätten war natürlich kein großes Geschäft zu machen. Der genossenschaftliche Zusammenschluß der kleinen Apothekerproduzenten hat sich deshalb bisher nur in sehr bescheidenem Rahmen bewegt und sein Einfluß auf das Verhältnis der Eigenproduktion der Apotheken zur pharmazeutischen Gesamtproduktion ist unbedeutend geblieben.

2. Konzentration des Warenzeichenschutzes und der Reklame für selbsterzeugte Präparate.

Diese eigenartige Form der Konzentration finden wir in dem „Spezialitäten und Warenzeichenunternehmen des Deutschen Apothekervereins", welches mit einigen anderen gleichartigen kleineren Unternehmungen in dem Syndikat Deutscher Spezialitäten-Unternehmungen vereinigt ist. Diese Organisationen befassen sich nicht selbst mit dem Verkaufe der in Apothekenlaboratorien hergestellten Erzeugnisse, sondern sie schaffen nur gewisse Voraussetzungen für eine Vergrößerung des Absatzes solcher Produkte, indem sie versuchen, die von der Industrie weitgehend ausgenützten Vorteile des Warenzeichenschutzgesetzes ihren Mitgliedern ebenfalls nutzbar zu machen. Sie erwerben den Zeichen- und Wortschutz für eine größere Anzahl der verschiedenartigsten Präparate, deren Herstellung und Vertrieb (unter Einheitsetikette in einer Packung) dann den einzelnen Mitgliedern überlassen bleibt. Die Mitglieder müssen sich lediglich zur genauen Innehaltung der von der Leitung herausgegebenen Herstellungsvorschriften verpflichten und erlangen dafür das Recht zur Benutzung der Warenzeichen. Eine ausgedehnte Reklame, besonders in Ärztekreisen, dient dazu, die Präparate bei den Interessenten einzuführen und den Mitgliedern auf diese Weise einen ausreichenden Absatz zu ermöglichen.

Diese Genossenschaftsform hat nicht unbedeutende Erfolge aufzuweisen. Es gibt bereits eine große Anzahl von Syndikatspräparaten, die in den beteiligten Apotheken abgesetzt werden.

3. Konzentration des Einkaufs sowie der Produktion (in Großlaboratorien).

Zum Zwecke des gemeinschaftlichen Einkaufs von Drogen, Chemikalien und pharmazeutischen Präparaten sind in Apothekerkreisen schon mehrfach Organisationsversuche gemacht worden. Dazu gehören auch die bereits oben erwähnten Genossenschaften Verunda und Providea, deren Geschäftsbetrieb sich nicht lediglich auf den Verkauf von Apothekererzeugnissen erstreckt.

Das bekannteste und erfolgreichste Unternehmen, welches in diesem Zusammenhang erwähnt werden muß, ist aber die **Hageda** (Handelsgesellschaft Deutscher Apotheker), die seit 20 Jahren besteht und auf eine ständige Aufwärtsentwicklung zurückblicken kann. Die Gesellschaft ist Anfang 1903 unter der Firma „**Einkaufsvereinigung der Apotheker m. b. H.**" mit einem Stammkapital von 37000 M. gegründet worden und hat 1904, im zweiten Geschäftsjahr, die Firma „**Handelsgesellschaft Deutscher Apotheker m. b. H.**" angenommen. Aus den bescheidenen Anfängen heraus dehnte sich das Unternehmen immer mehr aus; bereits nach 10 Jahren hatte sich die Zahl der Gesellschafter von 131 auf 3673, das Stammkapital von 37000 M. auf 5600000 M., die Zahl der Angestellten von 1 auf 748 erhöht. In verschiedenen deutschen Großstädten waren Filialbetriebe gegründet worden.

Ursprünglich nur als Einkaufsorganisation gedacht, hat sich die Hageda bald auch der Selbstherstellung gewisser Präparate im eigenen Fabrikationsbetrieb zugewandt.

Ein Bild von der Entwicklung der Gesellschaft geben folgende Daten, die den Jahresberichten des Unternehmens entnommen sind:

Jahr	Umsatz M.	Warenbruttogewinn M.	Reingewinn M.
1904	541 000	?	35 954
1905	2 564 469	?	169 040
1906	5 021 085	?	303 610
1907	7 269 858	?	520 784
1908	9 500 000	?	699 517
1909	11 750 000	?	814 396
1910	14 500 000	1 969 656	987 871
1911	18 124 000	2 423 941	1 138 663
1912	21 884 618	2 980 418	1 266 652
1913	24 127 000	3 342 665	1 575 117
1914	24 343 000	3 451 016	1 646 711
1915	23 400 000	3 671 136	1 841 233
1916	29 200 000	4 433 317	2 046 529
1917	31 500 000	4 808 639	2 217 016
1918	41 600 000	6 375 719	2 878 607
1919	?	9 151 785	2 629 277
1920	?	23 105 349	6 513 171

Für die Jahre 1919 und 1920 ist in den Geschäftsberichten der Umsatz nicht angegeben; daß er sehr erheblich gewesen sein muß, ergibt sich aus den Gewinnzahlen.

Neuerdings ist die Hageda mit der chemisch-pharmazeutischen Fabrik von Dr. Laboschin in eine Interessengemeinschaft getreten. Ferner ist die Hageda in eine Aktiengesellschaft umgewandelt worden, deren Aktien an der Börse gehandelt werden. Damit sind die früher sehr engen Beziehungen zwischen dem Unternehmen und dem Kreise der Apothekenbesitzer gelockert worden. Die Hageda ist heute nicht mehr das, was sie sein sollte und viele Jahre hindurch gewesen ist: eine Wirtschaftsorganisation der deutschen Apothekenbesitzer. Es ist unkontrollierbar, inwieweit sich der Aktienbesitz noch in den Händen

Veränderungen im Apothekenwesen unter dem Einfluß der Industrie. 21

von Apothekern befindet; jedoch hat sich der Einfluß, den der Apothekerstand seit jeher auf das Unternehmen ausgeübt hat, erheblich abgeschwächt. Man hört bereits vielfach die Behauptung, daß die Hageda jetzt für die Apotheker nichts anderes sei als ein beliebiges anderes Industrieunternehmen der Branche.

Der innere Grund für die Umgestaltung des Unternehmens dürfte die Notwendigkeit gewesen sein, die flüssigen Betriebsmittel der steigenden Geldentwertung anzupassen und weiteres Kapital heranzuziehen. Es scheint nicht möglich gewesen zu sein, unter Beibehaltung der bisherigen Rechtsform die notwendigen erheblichen Mittel für die Aufrechterhaltung und weitere Ausgestaltung des Betriebes allein aus Apothekerkreisen zu beschaffen. Dieses Schicksal der erfolgreichsten Wirtschaftsorganisation des deutschen Apothekerstandes eröffnet einen Blick auf die Grenzen, die genossenschaftlichen Selbsthilfeunternehmungen unter den heute bestehenden Wirtschaftsverhältnissen gezogen sind.

Neuerdings ist von Apothekern des Saarreviers unter Beteiligung der Ärzteschaft eine Aktiengesellschaft „Pharmazeutische Werke Pharmasaar A.-G." gegründet worden, welche der Fabrikation pharmazeutischer Präparate aufnehmen und Ein- und Verkauf von Drogen, Chemikalien, Spezialitäten und aller für die Apotheke benötigten Artikel in den Geschäftsbereich einbeziehen will. Das Unternehmen soll in großzügiger Weise angelegt und mit Hilfe der Hesse & Goldstaub A.-G. in Betrieb gesetzt werden. Das Aktienkapital von 20 Mill. M. ist dreifach überzeichnet; Vorstand ist ein Apothekenverwalter und ein aus der Branche hervorgegangener Kaufmann, der Aufsichtsrat besteht aus vier Apothekenbesitzern und einem Arzte. Wie groß die Zahl der insgesamt beteiligten Apotheker ist, geht aus den Veröffentlichungen nicht hervor. Man wird abwarten müssen, wie sich das Unternehmen nach der Eröffnung des Betriebes gestaltet, um beurteilen zu können, inwieweit es als eine Selbsthilfeorganisation des Apothekerstandes angesprochen werden darf.

Erwähnung verdienen schließlich noch die neueren Versuche des — über ganz Anhalt und die umliegenden preußischen Städte sich erstreckenden — Dessauer Apothekervereins und anderer nach seinem Muster gegründeter Vereine, nicht den Einkauf an sich, sondern nur den Abschluß von Lieferungsverträgen mit Fabrikanten zu konzentrieren. Der Dessauer Verein schließt für seine Mitglieder Verträge mit Lieferanten ab, gibt einzelnen Fabrikanten bestimmte Spezialpräparate in Auftrag, die den Mitgliedern unter vereinbarten Bedingungen geliefert werden, und macht für diese Präparate Propaganda; für Verwaltungskosten erhält der Verein von den Herstellern 10% des Umsatzes. Die dadurch erlangten, anscheinend nicht unerheblichen Mittel verwendet der Verein zur Vertretung der gemeinschaftlichen Interessen seiner Mitglieder. Einen eigenen wirtschaftlichen Geschäftsbetrieb hat der Verein also nicht; er nutzt lediglich die Konkurrenz der Fabrikanten und Grossisten untereinander dazu aus, durch zweckmäßige Verträge die Interessen seiner Mitglieder zu wahren und zugleich für Vereinszwecke Gelder flüssig zu machen.

Zweiter Abschnitt.
Die Wirtschaftlichkeit des Apothekenwesens.

Nachdem im ersten Abschnitt die durch den Einfluß der pharmazeutischen Industrie im Apothekenwesen hervorgerufenen Veränderungen einer Betrachtung unterzogen worden sind, erscheint es angebracht, der Frage näherzutreten, wie sich die Wirtschaftlichkeit des Apothekenwesens unter den veränderten Verhältnissen gestaltet. Es handelt sich dabei in erster Linie um die Wirtschaftlichkeit des Apothekenwesens als Ganzes im Verhältnis zu seiner volkswirtschaftlichen Aufgabe; im Anschluß daran wird auf die Wirtschaftlichkeit im privatwirtschaftlichen Sinn, also auch auf die Rentabilität eingegangen. Dadurch wird zugleich die Grundlage für eine Beurteilung der Einkommensbildung und Einkommensverteilung im Apothekengewerbe gewonnen.

I.

Die Stellung der Apotheken im Wirtschaftsleben ist in sehr weitgehendem Maße durch gesetzliche Vorschriften geregelt. Man kann die wirtschaftlichen Leistungen der Apotheken nicht beurteilen, ohne diese Vorschriften wenigstens in ihren Grundzügen zu kennen. Aus diesem Grunde soll zunächst das Wesentlichste der Apothekengesetzgebung kurz angegeben werden.

Auf die Herstellung von Arzneimitteln und ihren Vertrieb im Großhandel beziehen sich die speziellen Vorschriften für das Apothekengewerbe nicht. In dieser Beziehung ist der Apotheker denselben Bestimmungen unterworfen wie jeder andere Gewerbetreibende.

Dagegen ist den Apotheken in bezug auf den Kleinhandel mit Arzneimitteln ein gewisses Monopol eingeräumt. Die Abgabe von Arzneimitteln im Kleinhandel ist in der Hauptsache auf die Apo-

Die Wirtschaftlichkeit des Apothekenwesens.

theken beschränkt, nur weniger wichtige Präparate sind für den Kleinhandel in Drogerien und anderen Verkaufsstellen freigegeben.[1]

Soweit die Abgabe von Arzneien grundsätzlich den Apotheken zugewiesen ist, wird nur Ärzten, Tierärzten und Krankenhäusern kraft besonderer Erlaubnis die Selbstabgabe in gewissem Umfange gestattet.

Der Monopolstellung der Apotheker entsprechen einschneidende gesetzgeberische Eingriffe in die Gestaltung des Apothekenwesens.

Die Übernahme und Leitung einer Apotheke ist an einen Befähigungsnachweis geknüpft. Nur approbierte Apotheker, die den vorgeschriebenen Bildungsgang durchgemacht haben, dürfen eine Apotheke übernehmen und leiten. Auch für das mit der Herstellung und Abgabe von Arzneien in Apotheken beschäftigte Personal sind Vorschriften erlassen, welche die Zuverlässigkeit der in den Apotheken geleisteten Arbeiten gewährleisten sollen.

Die Einrichtung und der Betrieb der Apotheken unterliegen ebenfalls gewissen gesetzlichen Vorschriften und einer behördlichen Aufsicht, deren Zweckbestimmung die Gewährleistung einer absolut einwandfreien und ausreichenden Arzneiversorgung ist.

Der wichtigste Eingriff in die Gewerbefreiheit besteht aber darin, daß es auch nicht jedem approbierten Apotheker ohne weiteres gestattet ist, nach seinem Belieben eine Apotheke zu gründen. Zahl und Lage der Apotheken werden vielmehr durch behördliche Maßnahmen geregelt. Die zuständige Behörde bestimmt, wann und wo die Neugründung einer Apotheke erforderlich erscheint; sie gewährt im gegebenen Fall nach bestimmten Grundsätzen die Betriebserlaubnis (Konzession).

Dem Konzessionswesen liegt das sog. Limitierungsprinzip zugrunde, d. h. der Grundsatz, daß die Zahl der Apotheken beschränkt sein soll und daß sich die Apotheken nach der Bevölkerungsdichtigkeit möglichst gleichmäßig über das Land verteilen sollen.

Der rechtliche Charakter der Betriebserlaubnis hat sich im Laufe der Zeit sehr verschieden gestaltet. Auf die vielfach sehr subtilen rechtlichen Unterschiede näher einzugehen, liegt nicht im Rahmen dieser Arbeit. Unter wirtschaftlichen Gesichtspunkten können drei Hauptgruppen unterschieden werden:

1. Veräußerliche und vererbliche Apotheken in Privatbesitz, die auf Grund von Privilegien und Konzessionen verschiedenen Rechtscharakters betrieben werden,

2. unveräußerliche Apotheken, betrieben auf Grund von Personalkonzessionen, deren Wirksamkeit mit dem Tode des Inhabers erlischt,

3. in öffentlichem Besitz befindliche Apotheken.

---

[1] Kaiserl. Verordnung über den Verkehr mit Arzneimitteln außerhalb der Apotheken vom 22. Oktober 1901.

Die letztere Gruppe ist zahlenmäßig schwach. Es kommen hauptsächlich Gemeindeapotheken in Hessen und Baden in Betracht, die dort an approbierte Apotheker auf Lebenszeit verpachtet zu werden pflegen. Der Betrieb von Apotheken in eigener Regie öffentlicher Körperschaften erstreckt sich im wesentlichen nur auf Krankenhausapotheken.

Das System der Personalkonzession besteht in mehreren Bundesstaaten. In Preußen ist es 1894 für alle Neugründungen eingeführt worden, nachdem sich durch den Verkauf von Apotheken zu ungewöhnlich hohen Kaufpreisen Mißstände ergeben hatten. Bei diesem System wird die Konzession nach dem Tode des Betriebsinhabers neu vergeben; der Neukonzessionär hat sich wegen Übernahme der vorhandenen Betriebseinrichtung mit den Erben seines Vorgängers auseinanderzusetzen.

In der Regel muß der Besitzer einer Apotheke selbst den Betrieb führen. Für die veräußerlichen Apotheken ist jedoch in gewissen Grenzen auch die Verpachtung zugelassen, für die Witwen und minderjährigen Kinder verstorbener Besitzer außerdem auch die Verwaltung durch einen approbierten Apotheker.

II.

Nach einer amtlichen statistischen Aufnahme, deren Ergebnisse im Pharmazeutischen Kalender 1921 zusammengestellt sind, bestanden am 1. Mai 1909 im Deutschen Reich 6139 Apotheken, darunter 223 Filialen.

Abgesehen von den Filialen, deren Besitzverhältnisse nicht angegeben sind, befanden sich 5845 Apotheken in Privatbesitz und nur 71 in öffentlichem Besitz.

Von den Privatapotheken waren 4142 veräußerlich und 1697 unveräußerlich; bei 6 Apotheken war der Rechtscharakter nicht angegeben.

Auf Preußen entfielen am 1. Mai 1909 2739 veräußerliche und 690 unveräußerliche Vollapotheken. In den folgenden Jahren hat sich jedoch das Verhältnis zwischen veräußerlichen und unveräußerlichen Apotheken unter dem Einfluß des inzwischen eingeführten Systems der Personalkonzession verschoben; nach einer Veröffentlichung im Amtsblatt des Preußischen Ministeriums für Volkswohlfahrt wurden im Jahre 1919 in Preußen 2718 veräußerliche und 992 unveräußerliche Vollapotheken gezählt. Bei dieser Zählung waren die inzwischen abgetretenen Gebiete noch berücksichtigt. Für das jetzige Staatsgebiet enthält ein amtlicher Bericht „Das Gesundheitswesen des preußischen Staates in den Jahren 1919/20" die

Die Wirtschaftlichkeit des Apothekenwesens.

Angabe, daß am Ende der Berichtszeit 2455 veräußerliche und 896 unveräußerliche Apotheken bestanden.

Neben den Vollapotheken und den ihnen zugehörigen Zweigbetrieben bestehen noch Dispensieranstalten in Krankenhäusern und ähnlichen Anstalten, sowie ärztliche Hausapotheken. Am 1. Mai 1909 wurden für das Gebiet des Deutschen Reiches gezählt

343 Dispensieranstalten in Krankenhäusern und anderen Anstalten
587 ärztliche Haus- oder Handapotheken,
587 ärztliche Haus- oder Handapotheken, darunter 109 homöopathische,
11 Dispensieranstalten für Tierarzneien in tierärztlichen Hochschulen und ähnlichen Anstalten.

Außerdem machten 1236 Tierärzte von dem Dispensierrecht bei Ausübung der Praxis Gebrauch, von denen 792 eingerichtete tierärztliche Haus- oder Handapotheken hatten (Pharmazeutischer Kalender 1921).

Der bereits erwähnte amtliche Bericht über das Gesundheitswesen des preußischen Staates in den Jahren 1919/20 führt 192 Krankenhaus-Dispensieranstalten, sowie 125 allopathische und 113 homöopathische ärztliche Hausapotheken auf.

Von großem Interesse ist das Verhältnis der Apotheken zur Einwohnerzahl. Nach der Statistik vom 1. Mai 1909 entfielen im Reich auf eine Apotheke (einschließlich der nicht homöopathischen ärztlichen Hausapotheken) durchschnittlich 9606 Einwohner. Für Preußen betrug die Einwohnerzahl 10373. Von allen Bundesstaaten hatte Reuß ä. L. mit 18028 die größte, Waldeck mit 5450 die kleinste Durchschnittsziffer.

Auf je 10000 Einwohner entfielen im Reichsdurchschnitt ausschließlich der ärztlichen Hausapotheken 0,97, in Preußen 0,92 Apotheken.

Die späteren statistischen Veröffentlichungen enthalten keine Angaben über das Verhältnis, in welchem die Zahl der Apotheken zur Einwohnerzahl steht. Indessen dürfte keine wesentliche Veränderung eingetreten sein. Die Vermehrung der Apotheken bis 1919 entspricht ungefähr der Vermehrung der Einwohnerzahl, die in Preußen später konstatierte Verminderung steht mit der Abtretung verschiedener Landesteile in Zusammenhang.

Weit größer sind die Unterschiede in den einzelnen Landesteilen in bezug auf das Verhältnis der Apothekenzahl zur Bodenfläche. Im Reichsdurchschnitt entfielen 1909 auf je eine Apotheke einschließlich der nicht homöopathischen ärztlichen Hausapotheken 81,70 qkm, in Preußen 92,20 qkm, in Mecklenburg-Strelitz kamen auf eine Apotheke 209,3 qkm, im Stadtkreis Berlin nur 0,3 qkm Über 100 qkm betrug die auf eine Apotheke entfallende Bodenfläche in den preußischen Provinzen Ostpreußen, Westpreußen, Brandenburg (ohne Berlin), Pommern, Posen, Hannover, Schleswig-Holstein, sowie in den beiden mecklenburgischen Staaten, in Oldenburg und Waldeck. Dagegen entfielen auf eine Apotheke weniger als 50 qkm in Berlin, Westfalen und der Rheinprovinz sowie in Sachsen, Reuß j. L., Lübeck, Bremen und Hamburg. In allen diesen Verschiedenheiten kommt die verschiedene Bevölkerungsdichtigkeit zum Ausdruck.

Es ist erklärlich, daß die Arzneiversorgung in dünn bevölkerten ländlichen Gegenden unter diesen Umständen wegen der großen Entfernungen gewissen Schwierigkeiten begegnet. Die Apotheker suchen diesem Mißstande vielfach durch „fliegende Arzneikästen" abzuhelfen; in der Regel haben auch die Landärzte bei ihren Fahrten über Land die notwendigsten Arzneimittel bei sich.

III.

Das pharmazeutische Personal in Apotheken, einschließlich der Filialen, betrug nach den statistischen Feststellungen vom 1. Mai 1909 insgesamt 13445; es setzte sich aus

6189 Betriebsleitern (Besitzern, Pächtern, Verwaltern),
3745 approbierten Gehilfen,
1808 nichtapprobierten Gehilfen,
1703 Lehrlingen

zusammen. Auf Preußen entfielen

3641 Betriebsleiter,
2170 approbierte Gehilfen,
1171 nichtapprobierte Gehilfen,
1006 Lehrlinge.

Wenn wir diese Zahlen mit den Ergebnissen früherer und späterer Feststellungen vergleichen, so zeigen sich nicht uninteressante Abweichungen. Von 1895—1909 hatte sich die Zahl

der Betriebsleiter von 5209 auf 6189,
„ approbierten Gehilfen von 2254 auf 3745,

vermehrt, dagegen die Zahl

der nicht approbierten Gehilfen von 2254 auf 1808,
„ Lehrlinge von 2319 auf 1703

vermindert. Der Zudrang zum Fach hat also in dieser Periode erheblich nachgelassen.

Von 1909—1919 hat sich dagegen in Preußen die Zahl der Betriebsleiter von 3641 auf 3925 vermehrt, dagegen die Zahl

der approbierten Gehilfen von 2170 auf 1940,
„ der nicht approbierten Gehilfen von 1171 auf 865

Die Wirtschaftlichkeit des Apothekenwesens.

vermindert, während die Zahl der Lehrlinge wiederum von 1006 auf 1476 gestiegen ist. In diesen Zahlen kommt zum Ausdruck, daß der Apothekerberuf in den letzten Jahren wieder einen steigenden Zudrang zu verzeichnen hatte.

Die letzten amtlichen Feststellungen, die in dem Bericht über das Gesundheitswesen des preußischen Staates 1919/20 enthalten sind, können mit den vorstehenden Zahlen nicht ohne weiteres verglichen werden, weil sie sich auch auf das pharmazeutische Personal in den Dispensieranstalten von Krankenhäusern und Ärzten erstrecken. Der Bericht bietet aber Vergleichszahlen für das Jahr 1913. Danach betrug die Zahl

	Ende 1913	Ende 1920
der Betriebsleiter	3909	3620
„ approbierten Gehilfen	2346	2088
„ nichtapprobierten Gehilfen	1291	1050
„ Lehrlinge	1352	1763

Auch hierbei fällt eine starke Zunahme der Lehrlinge auf, die trotz der Verringerung des Staatsgebiets eingetreten ist.

Das Verhältnis des angestellten Personals zu der Zahl der Apotheken läßt zugleich deutlich erkennen, daß die Apotheken ausgesprochene Kleinbetriebe sind. Am 1. Mai 1909 entfielen auf eine Apotheke im Reichsdurchschnitt 2,1, in Preußen 2,21 pharmazeutische Personen einschließlich der Betriebsleiter. Die Durchschnittsziffer war am höchsten in Berlin mit 3,51, am niedrigsten in Hohenzollern mit 1,20. Wesentliche Veränderungen der Durchschnittszahl sind seitdem offenbar nicht eingetreten.

Von den Vollapotheken und Filialen wurden 1909

1910	Betriebe	(31,1%)	ohne pharmazeutische Hilfspersonen
2328	„	(37,9%)	mit einer pharmazeutischen Hilfsperson,
1205	„	(19,6%)	„ zwei „ Hilfspersonen,
432	„	(7,0%)	„ drei „ „
178	„	(2,9%)	„ vier „ „
86	„	(1,4%)	„ fünf oder mehr pharmazeutischen Hilfspersonen

betrieben. Gegen 1895 hatte sich die Zahl der Zwergbetriebe relativ und absolut vermehrt, eine Folge der Tatsache, daß sich die Zahl der Apotheken entsprechend der Vermehrung der Einwohnerzahl erhöht hatte, während gleichzeitig der Zugang zum Fache in einer rückläufigen Bewegung begriffen war.

Die größeren Betriebe befinden sich hauptsächlich in Großstädten; so betrug z. B. die Zahl des auf eine Apotheke im Durchschnitt entfallenden pharmazeutischen Personals in Berlin 3,51, in Hamburg 3,46, in Bremen 3,17.

Neben den pharmazeutischen Arbeitskräften kommen für die Apotheken auch kaufmännische und technische Hilfskräfte in Betracht, besonders Laboratoriumshelfer und andere Arbeiter, sowie die in vielen Betrieben mit Buchführungs- und Rechnungsarbeiten beschäftigten sog. Helferinnen. Da der Bericht der Berufsgenossenschaft der chemischen Industrie für 1919 5874 Apothekenbetriebe mit 17370 versicherten Personen bezeichnet, so ist der Bestand des technischen Personals offenbar nicht geringfügig.

IV.

Einen Maßstab für die Leistungen der Apotheken bietet der Arzneiverbrauch der Bevölkerung, soweit er in Apotheken gedeckt wird. Umfassende statistische Feststellungen des Arzneiverbrauchs, die sich auf alle Bevölkerungsklassen beziehen, sind zwar nicht vorhanden, aber einen einigermaßen zuverlässigen Anhaltspunkt gewähren die Veröffentlichungen der Krankenkassen über ihre Arzneiausgaben. Für das Jahr 1921 liegt eine solche Statistik vor, die sich auf die dem Hauptverbande deutscher Ortskrankenkassen angehörigen Krankenkassen erstreckt und im Jahrbuch der Krankenversicherung 1921 zusammengestellt ist. Danach betrugen die Gesamtausgaben der Krankenkassen für Arznei und Heilmittel aus Apotheken im Jahre 1921 pro Mitglied 32,79 M., gegen 17,49 M. im Vorjahre. Wenn man diese Durchschnittszahl von 32,79 M. einer Berechnung des Apothekerwarenverbrauchs der gesamten Bevölkerung zugrunde legt und zugleich die nach der Statistik vom 1. Mai 1909 auf eine Apotheke durchschnittlich entfallende Einwohnerzahl von 9606 in Betracht zieht, so würde sich für die Apotheken ein Durchschnittsumsatz von etwa 315000 M. im Jahre 1921 ergeben.

Nun kommen allerdings auch verschiedene Umstände in Frage, die es nicht als angebracht erscheinen lassen, die durchschnittliche Arzneiausgabe der Krankenkassen ohne weiteres dem durchschnittlichen Arzneiverbrauch der gesamten Bevölkerung gleichzustellen:

1. die Apotheker pflegen den Krankenkassen einen Rabatt (etwa 10% und mehr) zu gewähren, der den Privatpatienten nicht zugute kommt,

2. die Kassenmitglieder kaufen in den Apotheken auch Waren, die ihnen nicht von den Kassenärzten auf Kosten der Kassen verschrieben werden.

Demgegenüber ist aber auch zu berücksichtigen, daß der Arzneiverbrauch der Kassenmitglieder im Durchschnitt erheblich höher sein dürfte als der Durchschnittsverbrauch der gesamten Bevölkerung. Es wird seit Jahren nicht nur von den Krankenkassen, sondern auch von den Ärzten über den „Arzneihunger" der Kassenmitglieder geklagt, und es erscheint auch erklärlich, daß die minderbemittelte Be-

Die Wirtschaftlichkeit des Apothekenwesens.

völkerung — die ja schließlich den weitaus größten Teil der Gesamtbevölkerung bildet — sich in ihrem Arzneiverbrauch erheblich mehr einschränkt, wenn die Bezahlung nicht auf Kosten einer Krankenkasse erfolgt. Dazu kommt noch, daß das Privatpublikum seinen Arzneibedarf in höherem Maße als die Kassenmitglieder in Drogerien deckt und vielfach auch einfachere billigere Hausmittel ohne ärztliche Verschreibung zu kaufen pflegt. Der starke Rückgang der Kaufkraft des Mittelstandes ist für die Neuzeit ebenfalls in Berücksichtigung zu ziehen.

Wenn man alle diese Umstände gegeneinander abwägt, so wird man zu dem Ergebnis kommen, daß der durchschnittliche Apothekerwarenverbrauch der Bevölkerung wenigstens annähernd der durchschnittlichen Arzneiausgabe der Krankenkasse pro Kopf des Mitgliedes entspricht.

Gelegentliche Veröffentlichungen über den in Apotheken erzielten Warenumsatz stehen mit dieser Annahme nicht im Widerspruch. Nach einer Rentabilitätsberechnung von 61 Apotheken, die von der Geschäftsstelle des Wirtschaftsverbandes Deutscher Apotheker nach übersandten Bilanzen zusammengestellt und in der Pharmazeutischen Zeitung 1922 Nr. 35 veröffentlicht ist, betrug der Durchschnittsumsatz dieser Apotheken 162055,74 M. (das Geschäftsjahr ist zwar ausdrücklich nicht angegeben, offenbar ist aber 1921 gemeint). Danach blieb der Durchschnittsumsatz zwar erheblich hinter der oben berechneten Durchschnittszahl von 315000 M. zurück. Diese Abweichung dürfte wohl aber darauf zurückzuführen sein, daß die 61 Apotheken, die dem Wirtschaftsverband ihre Bilanzen zur Verfügung gestellt hatten, zum größeren Teile Apotheken kleineren Umfangs waren. Der Umsatz betrug:

bei 13 Apotheken weniger als 100000 M.
„ 20 „ 100000—150000 „
„ 11 „ 150000—200000 „
„ 9 „ 200000—250000 „
„ 3 „ 250000—300000 „
„ 4 „ 300000—400000 „
„ 1 „ über 400000 „

In derselben Nummer der Pharmazeutischen Zeitung (1922 Nr. 35) ist übrigens auch eine Rentabilitätsberechnung aus 48 Vorkriegsbilanzen, abgeschlossen aus Anlaß von Apothekenverkäufen, veröffentlicht. Die Zahlen dieser Veröffentlichung stellen den Durchschnitt von drei Friedensjahren (hauptsächlich von 1910—1912) dar und ergaben einen Durchschnittsumsatz von 27324,60 M. Diese Durchschnittszahl steht mit den in der Vorkriegszeit festgestellten durchschnittlichen Arzneikosten der Krankenkassen ziemlich in Einklang; die Allgemeine Ortskrankenkasse Berlin hatte z. B. in ihrem Geschäftsbericht für 1914 eine durchschnittliche Ausgabe von 3,46 M. pro Mitglied für Arzneien und sonstige Heilmittel aus Apotheken festgestellt.

Für den Anfang der neunziger Jahre hatte das Kaiserliche Statistische Amt die Arzneikosten der Krankenkassen mit 2,60 M. pro Mitglied ermittelt (Pharm. Ztg. 1902 S. 497). Der Durchschnittsumsatz der Apotheken wurde in jener Zeit und später nach gelegentlichen Andeutungen in der Literatur auf 20000—30000 M. geschätzt.

Man wird danach im großen und ganzen nicht fehlgehen, wenn man einer Schätzung des Arzneiverbrauchs und des Umsatzes der Apotheken die Arzneiausgaben der Krankenkassen zugrunde legt.

Für das Jahr 1922 liegen bei Niederschrift dieser Arbeit noch keine umfassenderen Berichte über die Arzneiausgaben der Krankenkassen vor. Ich habe lediglich eine in der Zeitschrift „Betriebskrankenkasse" veröffentlichte Zahlenzusammenstellung aus dem voraussichtlichen Rechnungsabschluß einer größeren Betriebskrankenkasse für 1922 ermitteln können. Diese Kasse, die 50000 Mitglieder zählt, hat 1922 für Arzneien und sonstige Heilmittel aus Apotheken 11500000 M. ausgegeben, für das Mitglied also 230 M. (Pharm. Ztg. 1923 Nr. 18). Dieser Zahl entspricht ein Durchschnittsumsatz der Apotheken von $2^{1}/_{4}$ Mill. M.

Einen Anhaltspunkt dafür, inwieweit dieser für 1922 angenommene Durchschnittsumsatz mit der Wirklichkeit in Einklang steht, bietet ein von der Apothekenkammer der Provinz Sachsen eingeholtes, in der Pharmazeutischen Zeitung 1923 Nr. 30 veröffentlichtes Gutachten des vereidigten Bücherrevisors Niehus in Magdeburg. Herr Niehus hatte die Bilanzen einer Anzahl von Apotheken für 1922 geprüft, um dem Landesfinanzamt in Magdeburg generelle Unterlagen zur Beurteilung der Rentabilität der Apotheken zu bieten. In dem Gutachten gibt er nur summarische Zahlen; er hat die in den Bereich seiner Untersuchungen gezogenen Apotheken in zwei Gruppen (größere und kleinere Betriebe) eingeteilt und gibt den Durchschnittsumsatz der größeren Betriebe auf 4,2 Mill. M., den Umsatz der kleineren auf 2 Mill. M. an.

Man kann danach für 1922 einen Durchschnittsumsatz von rund 3 Mill. M. annehmen. Es ist dabei zu bemerken, daß die eben erwähnte durchschnittliche Arzneiausgabe einer Betriebskrankenkasse hinter dem allgemeinen Durchschnitt etwas zurückbleiben dürfte, weil Zahl und Dauer der Krankmeldungen bei Betriebskrankenkassen aus naheliegenden Gründen etwas geringer zu sein pflegen als bei Ortskrankenkassen. Im Jahre 1913 hatte dieselbe Betriebskrankenkasse 2,32 M. pro Mitglied für Heilmittel aus Apotheken aufgewendet, also einen Betrag, der etwas geringer war als der allgemeine Durchschnittsbetrag.

V.

Wenn wir den oben für 1921 angenommenen Durchschnittsumsatz von 315000 M. und die auf eine Apotheke entfallende Durchschnittszahl von 2,1 pharmazeutischen Personen einander gegenüberstellen, so ergibt sich für eine pharmazeutische Person ein durchschnittlicher Umsatz von 150000 M. jährlich oder 500 M. für den Arbeitstag. Das erscheint auf den ersten Blick sehr gering. Wer mit dem Geschäftsbetriebe einer Apotheke nicht vertraut ist, wird einen viel höheren Umsatz vermuten. In Geschäften anderer Art wird auf einen Verkäufer zweifellos ein erheblich höherer Umsatz entfallen sein.

Indessen muß bei der Beurteilung des Verhältnisses zwischen Umsatz- und Verkaufspersonal die Eigenart des Apothekenbetriebes in Betracht gezogen werden.

Zunächst ist zu berücksichtigen, daß die Arzneien in Apotheken regelmäßig in sehr kleinen Mengen abgegeben werden. Nach dem Bericht der Allgemeinen Ortskrankenkasse Berlin für 1921 (Pharm. Ztg. 1922 Nr. 79) kosteten die verordneten Arzneien und sonstigen Heilmittel durchschnittlich 5,18 M. pro Verordnung. In dem Bericht der Allgemeinen Ortskrankenkasse München-Stadt für 1921 (Pharm. Ztg. 1922 Nr. 60) wird ein etwas höherer Durchschnittspreis — 6,71 pro Verordnung — angegeben. Wenn wir einen Durchschnittspreis von 6 M. zugrunde legen, so kämen auf eine pharmazeutische Person in den Apotheken täglich 83 Verordnungen.

Eine solche Zahl von einzelnen Verkäufen ist von einem Verkäufer in der Apotheke überhaupt nur zu bewältigen, wenn sich darunter ein sehr großer Teil von sog. Handverkaufsartikeln befindet, die ohne weitere Zubereitung und ohne besondere Umstände abgegeben werden. Die Abgabe von Arzneien auf ärztliche Verordnung, besonders von solchen Arzneien, die erst besonders zubereitet werden müssen, erfordert einen solchen Zeitaufwand, daß auch ein geschulter tüchtiger Rezeptar bei achtstündiger Arbeitszeit täglich kaum mehr als 50 Rezepte erledigen kann; dabei ist noch vorausgesetzt, daß schon gewisse Vorbereitungsarbeiten (Einfassen usw.) geleistet worden sind. Apotheker Hans Maaß in Hannover, der Besitzer einer größeren Apotheke mit ausgedehnter Rezeptur, berichtet in der Pharmazeutischen Zeitung 1922 Nr. 25, daß er im Januar und Februar 1922 zur Bearbeitung von 8868 Rezepten 5 pharmazeutische Kräfte beschäftigt habe, die notwendig waren, um die angegebene Arbeitsleistung (allerdings einschließlich der Vorbereitungsarbeiten) sachgemäß zu erledigen. Bei 53 Arbeitstagen entfielen danach auf den einzelnen Verkäufer knapp 34 Rezepte täglich.

Man wird diese quantitativ scheinbar geringe Arbeitsleistung verständlich finden, wenn man die Besonderheiten des Apothekenbetriebes in Betracht zieht. Die Arbeit in der Apotheke erfordert eine besondere Sorgfalt. Das Abwiegen oder Abmessen der oft sehr kleinen Mengen Arzneistoffe muß mit besonderer Peinlichkeit vorgenommen werden. Dazu kommen noch verschiedene Nebenarbeiten: Prüfung der vielfach sehr schlecht geschriebenen Rezepte, Herstellung einer Rezeptkopie, das Taxieren der Arznei nach der Arzneitaxe, das oft sehr mühevoll ist, Anbringung der Tektur. Für Kassenrezepte kommt noch das geordnete Aufbewahren der Belege und das spätere Ausschreiben der Rechnungen hinzu.

Die besondere Zubereitungsarbeit, die erforderlich ist, wenn die verordnete Arznei durch Mischung oder bestimmte Herrichtung verschiedener Stoffe erst zum Gebrauch hergestellt werden muß, tritt noch hinzu; sie erfordert oft einen sehr erheblichen Zeitaufwand. Für die Herstellung einer Salbe werden z. B. durchschnittlich 15 Minuten Arbeitsaufwand gerechnet.

Dazu kommt noch die große Menge von Verwaltungsarbeit (sog. unproduktiver Arbeit), die neben der eigentlichen Verkaufstätigkeit in der Apotheke zu leisten ist. Diese Arbeit hat sich durch die Ausdehnung des Arzneischatzes naturgemäß erheblich erhöht. Die große Zahl einzelner Warenartikel, die kraft gesetzlicher Vorschrift und mit Rücksicht auf die Wünsche des Publikums vorrätig gehalten werden müssen und regelmäßig nur in kleinen Mengen eingekauft werden können, vermehren die mit dem Einkauf sowie mit der Prüfung der Wareneingänge und Warenrechnungen, mit der ordnungsmäßigen vorgeschriebenen Aufbewahrung der Waren und mit der fortlaufenden Kontrolle des Lagervorrats verknüpfte Arbeitsleistung. Dabei fällt die Eigenart der Apothekerwaren besonders ins Gewicht; die bei der Lieferung und oft auch später noch erforderliche Untersuchung der Arzneimittel erfordert meist einen weit über das gewöhnliche Maß hinausgehenden Arbeitsaufwand.

Der durchschnittlich sehr geringe Umsatz beeinträchtigt schließlich die Wirtschaftlichkeit der Apotheken auch noch in anderer Beziehung, und zwar insofern, als die konstanten, von der Höhe des Umsatzes mehr oder weniger unabhängigen Unkosten zu der Gesamtsumme des Umsatzes in einem sehr ungünstigen Verhältnis stehen. Alle diese Unkosten, Miete (bzw. Mietswert der Räume im eigenen Hause), Heizung, Beleuchtung und Reinigung der Geschäftsräume, Fernsprechgebühren, Abnutzung der Gerätschaften und Instrumente, Verluste an Gläsern und anderen Gefäßen, Versicherungsprämien, Gewerbesteuer, Handelskammer- und Apothekerkammerbeiträge sowie sonstige Abgaben verschlingen einen Teil des Umsatzes, der weit höher ist als in Geschäften anderer Art mit höherem Umsatz und relativ einfacheren Betriebseinrichtungen. Auch die Unkosten an Frachten, Porti, Verpackungsmaterial usw. fallen in den Apotheken, wo sich der Wareneinkauf gewöhnlich nur auf kleine Mengen erstreckt, sehr erheblich ins Gewicht.

Es ist unter diesen Umständen erklärlich, daß die Arzneiware auf ihrem Wege durch die Apotheke — vom Fabrikanten oder Großhändler zum Verbraucher — eine sehr wesentliche Verteuerung erfährt. Die Gewinnaufschläge der Apotheker sind hoch, weit höher als in den meisten anderen Zweigen des Kleinhandels, aber sie müssen es auch sein, wenn der geringe Umsatz die relativ erheblichen Unkosten einschließlich der Verzinsung des Anlage- und Betriebskapitals decken und zugleich dem Besitzer ein seiner Arbeitsleistung, seiner Vorbildung und seiner sozialen Stellung entsprechendes Einkommen gewähren soll. Die sprichwörtlich hohen Apothekerpreise finden in der Eigenart des Gewerbes ihre natürliche Erklärung.

VI.

In der Festsetzung seiner Verkaufspreise ist der Apotheker durch die Arzneitaxe beschränkt. Durch die Taxe werden für die weitaus meisten Arzneimittel und für die Rezepturarbeiten Höchstpreise festgesetzt, die wohl unterboten, aber nicht überschritten werden dürfen. Es ist bestritten, ob sich der rechtliche Charakter der Taxpreise als Höchstpreise auf alle in der Taxpreisliste aufgeführten Arzneimittel oder nur auf solche Mittel erstreckt, die den Apotheken zum Kleinverkauf vorbehalten sind. In der Praxis werden indessen alle Taxpreise als Höchstpreise behandelt.

Übrigens ist die Taxe kein Reichsgesetz. Die Preise werden zwar im Reichsgesundheitsamt einheitlich für das gesamte Reichsgebiet festgestellt, aber Rechtskraft erlangt die jeweilige Taxe immer erst durch entsprechende Verordnungen der Einzelländer. Dabei kommen gelegentlich kleine Abweichungen in bezug auf die Rabattgewährung bei Krankenkassen und bestimmten gemeinnützigen Institutionen in den verschiedenen Ländern vor.

Eine Unterbietung kommt nur selten vor; wenn man von dem Verkehr mit Krankenkassen und anderen Institutionen absieht, die besondere Vergünstigungen genießen, so ist zu konstatieren, daß in der Praxis fast ausnahmslos die Taxpreise gefordert und bezahlt werden.

Für die Beurteilung der Einkommensbildung im Apothekengewerbe erscheint es notwendig, die Grundzüge der Taxe zu kennen. Im nachstehenden soll deshalb kurz auseinander gesetzt werden, wie sich durch die verschiedenen Taxbestimmungen der Bruttoverdienst des Apothekers gestaltet.

Der Bruttoverdienst des Apothekers ergibt sich aus zwei verschiedenen Quellen:

1. den Aufschlägen auf die Wareneinkaufspreise,
2. einer besonderen Vergütung für die „Zubereitung einer Arznei und ihrer Herrichtung zur Abgabe", der sog. Rezepturvergütung.

Bei den

Zuschlägen auf die Einkaufspreise

ist zunächst zwischen sog. Spezialitäten und anderen Waren zu unterscheiden. Für die Spezialitäten (nach der Definition der Taxe Arzneimittel oder Arzneien, die in einer zur Abgabe an das Publikum bestimmten Packung aus dem Handel bezogen und in dieser Packung abgegeben werden) sind in der Taxpreisliste überhaupt keine Verkaufspreise ausgeworfen. Der Apotheker soll sich bei diesen Mitteln die Verkaufspreise selbst berechnen, und zwar nach dem „auf normaler Marktlage beruhenden Großhandelspreise". Es sind nur bestimmte Zuschläge vorgeschrieben, die nach der Höhe des Großhandelspreises abgestuft sind und 60—100% betragen. Für bestimmte Sera beträgt der zulässige Zuschlag nur 40%.

Für alle anderen Arzneimittel sind in der Taxpreisliste bestimmte Verkaufspreise angeführt, meist sogar für ein bestimmtes Mittel mehrere Preise, je nach der abzugebenden Menge. Diese Preise werden von Zeit zu Zeit — jetzt gewöhnlich allmonatlich — auf Grund amtlich ermittelter Großhandels-Durchschnittspreise für das gesamte Reichsgebiet nach bestimmten Berechnungsmethoden festgesetzt.

Die Berechnungsmethoden sind in der Taxe in ihren Grundzügen angegeben. Die Berechnung ist verschieden, je nachdem, ob es sich um Waren handelt, die der Apotheker fertig kaufen muß, oder um Arzneimittel, die er im eigenen Betriebe herstellen kann.

Bei gekauften Waren wird dem durchschnittlichen Großhandelspreise ein bestimmter Zuschlag hinzugerechnet, der je nach der Art des Mittels und nach dem Einkaufspreise verschieden ist. Die Arzneimittel sind zu diesem Zwecke in drei Gruppen eingeteilt. Je nach der Höhe des Einkaufspreises beträgt der Zuschlag

in Gruppe I . . . . 50—120%
„ „ II . . . . 75—150%
„ „ III . . . . 100—200%

Für die im eigenen Apothekenbetriebe herzustellenden Erzeugnisse (die sog. galenischen Zubereitungen) erfolgt die Berechnung in der Weise, daß zunächst der Preis der erforderlichen Rohstoffe durch Addition von Einkaufspreis und Zuschlag berechnet und als-

Die Wirtschaftlichkeit des Apothekenwesens.

dann noch ein bestimmter Betrag für die Herstellungsarbeit (einschl. Feuerung) zugeschlagen wird.

Die auf diese Weise berechneten Preise gelten nur für bestimmte Mengen (je nach der Art des Mittels 1 kg, 100 g, 10 g oder 1 g). Für geringere Mengen tritt noch eine verhältnismäßige Erhöhung des Preises ein, und zwar dergestalt, daß für je ein Zehntel der Menge zu je einem Zehntel des Preises 20% hinzugerechnet werden.

Die gesamten Zuschläge zu den Einkaufspreisen sind danach unter Umständen sehr hoch. Es ist dabei jedoch zu berücksichtigen, daß nur die reinen durchschnittlichen Einkaufspreise zugrunde gelegt werden, so daß die heute sehr erheblichen Verpackungs= und Versandspesen, die der Apotheker beim Einkauf zu tragen hat, auf die Zuschläge verrechnet werden müssen.

Die Preise der homöopathischen Zubereitungen und einzelner allopathischer Mittel werden nach anderen Grundsätzen berechnet, die in der Taxe nicht angegeben sind. Es ist jedoch anzunehmen, daß das wirtschaftliche Endresultat bei diesen Mitteln ungefähr dasselbe ist.

Die besonders in Rechnung zu stellenden

Rezepturarbeiten

sind in drei Gruppen eingeteilt. Die Vergütungen betragen 150 M., 300 M. und 450 M.; bei bestimmten größeren Mengen treten noch Zuschläge hinzu.

Berechnet werden die Rezepturvergütungen bei Ausführung ärztlicher Verordnungen in der Regel; im gewöhnlichen Handverkauf, besonders auch bei Abgabe von Spezialitäten, kommt er nicht zum Ansatz. Bei der Abgabe von Arzneien auf Kosten des Reichs, der Krankenkassen, der Berufsgenossenschaften, der Schutzpolizei und der von den Landesversicherungsanstalten unterhaltenen Beratungs= stellen für Geschlechtskranke darf die Rezepturgebühr unter gewissen Umständen auch nicht in Ansatz gebracht werden, wenn sie sonst an sich berechtigt wäre.

Nach den heute bestehenden Bestimmungen darf der Apotheker schließlich zu dem Warenpreise und der Rezepturgebühr noch einen

Teuerungszuschlag

von 30% hinzuschlagen, wenn es sich nicht lediglich um die Abgabe von Spezialitäten handelt.

Andererseits hat er Krankenkassen und ähnlichen Institutionen gegenüber eine Verpflichtung zur Rabattgewährung.

Ein abschließendes Urteil darüber, ob die den Apothekern nach den Bestimmungen der Taxe zufließenden Einnahmen ausreichend und angemessen sind oder ob etwa im Gegenteil eine ungebührliche

Verteuerung der Arzneiversorgung durch die Apotheken stattfindet, ist natürlich bei der ziemlich verwickelten Sachlage nicht ohne weiteres möglich, um so mehr, als Umsatz und Unkosten der einzelnen Betriebe sehr verschieden sind. Es sind aber zugunsten der Apotheker verschiedene Umstände in Betracht zu ziehen, die den auf den ersten Blick sehr hoch erscheinenden Verdienst erst in die richtige Beleuchtung rücken:

1. Wie bereits oben bemerkt, hat die Taxbehörde bei Feststellung der durchschnittlichen Einkaufspreise die Verpackungs- und Versandspesen nicht berechnet, so daß diese Unkosten zu Lasten der Zuschläge gehen. Dadurch wird besonders bei den zahlreichen verhältnismäßig billigeren Mitteln ein großer Teil des auf dem Papier stehenden Bruttoverdienstes verschlungen. Über die starke Belastung durch die hohen Bezugsspesen klagen besonders — und mit Recht — die kleinen Landapotheker, die alle ihre Waren von auswärts beziehen müssen.

2. Die hohen Aufschläge der oben erwähnten Arzneimittelgruppe III kommen verhältnismäßig wenig zur Geltung. Die Mittel dieser Gruppe machen nur einen sehr geringen Teil des gesamten Arzneimittelschatzes aus. Außerdem handelt es sich meist um Stoffe, die nur in sehr kleinen Mengen verordnet zu werden pflegen und wegen ihres vielfach sehr hohen Preises unter den heutigen Verhältnissen nach Möglichkeit überhaupt vermieden werden. Für die Kassenpraxis kommen diese teueren Stoffe nur höchst selten in Frage. Sie können in den meisten Fällen durch billigere Stoffe ersetzt werden, und die Krankenkassen wirken darauf hin, daß es auch geschieht. Die gangbarsten Mittel, die in den Apotheken am meisten verlangt werden, fallen in die Gruppe I, welche die niedrigsten Gewinnzuschläge hat.

3. Es ist außerdem mit ziemlicher Sicherheit anzunehmen, daß auch innerhalb jeder einzelnen Gruppe die weitaus meisten Mittel den niedrigsten Gewinnzuschlag haben, und zwar aus folgendem Grunde.

Nach den Berechnungsgrundsätzen der Taxe werden die für die Preisberechnung maßgebenden durchschnittlichen Einkaufspreise derart gestaffelt, daß zu den niedrigsten Einkaufspreisen der prozentual höchste Zuschlag hinzutritt und umgekehrt. In Gruppe I beträgt der Zuschlag z. B. bei einem Einkaufspreise

```
         bis zu 200 M. . . . . . . . . . . . . 120%
         von mehr als 200—240 M. . . . . . . . 240 M.
          "    240— 800 M. . . . . . . . . . . 100%
          "    800—1600 M. . . . . . . . . . . 800 M.
          "    mehr als 1600 M. sowie bei Spiritus 50%
```

Die Wirtschaftlichkeit des Apothekenwesens. 37

In Gruppe II und III werden nur drei Preisstufen (bis 800 M., 800—1600 M. und mehr als 1600 M.) unterschieden.

Diese Staffelung der Einkaufspreise ist aber hinter der fortgeschrittenen Geldentwicklung weit zurückgeblieben. Zwar sind die Einkaufspreisgrenzen im März d. J. verachtfacht worden gegenüber der früheren Staffelung, die seit August 1922 in Geltung war, aber diese Erhöhung bietet für die Geldentwertung und das dadurch verursachte Emporschnellen der Einkaufspreise keinen entsprechenden Ausgleich. Es muß daraus geschlossen werden, daß der maßgebende Einkaufspreis bei den meisten Mitteln 1600 M. überschreitet und somit nur den geringsten Zuschlag erhält, jedenfalls aber, daß der Einkaufspreis nur selten in die unterste Stufe mit dem höchsten Zuschlag fällt.

Allerdings wird der Einkaufspreis nicht bei allen Mitteln nach der gleichen Menge berechnet. Maßgebend ist bei fertig gekauften Präparaten der Einkaufspreis für

1 kg, wenn üblicherweise 10 g oder mehr,
100 g, " " 1 g,
10 g, " " 0,1 g,
1 g, " " 0,01 g oder weniger

verordnet wird. Die Mittel, die in sehr kleinen Mengen verordnet zu werden pflegen und infolgedessen mit dem Preise einer geringeren Menge in Ansatz gebracht werden, sind aber auch meist mit den teuersten Mitteln identisch. Bei Morphium, Kokain, Kodein beträgt z. B. der Grammpreis heute erheblich mehr als 1600 M.

4. Die für die Preisfestsetzung der galenischen Zubereitungen in Ansatz gebrachten Arbeitsvergütungen (Defekturarbeitspreise) entsprechen nicht der Geldentwertung und dem erforderlichen Arbeits- und Kostenaufwande. Sie übersteigen in keinem Falle das Tausendfache des Vorkriegspreises, bleiben aber meist weit dahinter zurück (s. Anlage I).

Durch diesen Umstand sind natürlich die Taxpreise der galenischen Zubereitungen meist entsprechend niedriger gehalten worden, so daß sich der Verdienst des Apothekers an diesen Präparaten verringert. Während der Preissteigerungskoeffizient für Arzneimittel überhaupt nach Feststellungen des Statistischen Reichsamts im Großhandel im März 1923 4140 betrug — vgl. Pharm. Ztg. 1923 Nr. 28 —, ist die Taxpreissteigerung für galenische Mittel von der Vorkriegszeit bis zu der am 1. April 1923 in Kraft getretenen neuen Taxe erheblich geringer (s. Anlage II).

5. Der Spezialitätenverbrauch, der dem Apotheker nur einen geringeren Verdienst ($33^1/_3$—50% des Umsatzes, abzüglich der Be-

zugsspesen, bei einzelnen Sera sogar nur ca. 28% gewährt), hat auf Kosten der Rezeptur zugenommen.

Überdies bietet der Rezepturarbeitspreis, nachdem er durch mehrfache Erhöhungen zu der jetzigen Höhe gestiegen ist, immer noch keinen vollen Ausgleich für die mit der Rezeptur verknüpfte Mehrarbeit und die dadurch vielfach verursachten erheblichen Unkosten für Feuerung u. dgl. Die jetzigen Rezepturpreise bleiben noch hinter dem Tausendfachen der Preise der Vorkriegszeit zurück (s. Anlage III).

Dadurch wird der durch den eigentlichen Wareneinkauf erzielte Verdienst geschmälert.

6. Der Teuerungszuschlag von 30% dürfte im großen und ganzen durch den an Krankenkassen usw. zu gewährenden Rabatt ausgeglichen werden. Allerdings wird der Teuerungszuschlag auch Privatpersonen in Rechnung gestellt, die auf Rabattgewährung keinen Anspruch haben; er erstreckt sich aber andererseits auch nicht auf Spezialitäten, die dem Kassenrabatt ebenfalls unterworfen sind.

Bei Berücksichtigung aller dieser Umstände wird man zu dem Resultat kommen müssen, daß der Bruttoverdienst der Apotheker nicht das Maß überschreitet, das durch die Eigenart des Gewerbes, durch den verhältnismäßig geringen Umsatz und die hohen konstanten Unkosten geboten ist.

Nicht unerwähnt mag schließlich bleiben, daß nach vielfachen Behauptungen aus Apothekerkreisen der Bruttogewinn seit der Vorkriegszeit ständig zurückgegangen ist, eine Behauptung, die dadurch eine gewisse Bestätigung erhält, daß die Berechnungsgrundsätze der Arzneitaxe jetzt für den Apotheker in der Tat ungünstiger sind als vor dem Kriege, ganz abgesehen davon, daß auch die veränderten Zeitverhältnisse nicht ohne Einfluß bleiben konnten. Als Beispiel soll eine in der Pharm. Ztg. 1922 Nr. 19 enthaltene Aufstellung angeführt werden, in der für die Jahre 1913 bis 1921 das Verhältnis des Wareneinkaufs zum Warenverkauf in Prozentzahlen angegeben ist. Nach dieser Aufstellung, die anscheinend von einem Apothekenbesitzer auf Grund von Aufzeichnungen über seinen eigenen Apothekenbetrieb gemacht worden ist, betrugen die Ausgaben für Wareneinkauf:

```
1913 . . . . . . . . 39,2 %  des Umsatzes
1914 . . . . . . . . 41,45%      "        "
1915 . . . . . . . . 39,2 %      "        "
1916 . . . . . . . . 45,5 %      "        "
1917 . . . . . . . . 47,47%      "        "
1918 . . . . . . . . 57   %      "        "
1919 . . . . . . . . 57,8 %      "        "
1920 . . . . . . . . 62,8 %      "        "
1921 . . . . . . . . 67,7 %      "        "
```

Die Wirtschaftlichkeit des Apothekenwesens.

Damit steht einigermaßen die Tatsache in Einklang, daß der vereidigte Bücherrevisor Niehus in Magdeburg in seinem bereits oben erwähnten Gutachten auf Grund der Prüfung einer Anzahl für 1922 aufgestellter Apothekerbilanzen zu dem Ergebnis kommt, daß der Rohgewinn in den größeren Betrieben 47,5%, in den kleineren Betrieben 37% des Umsatzes betragen habe (Pharm. Ztg. 1923 Nr. 30).

VII.

Von erheblichem Einfluß auf die Ertragsfähigkeit des Apothekenbetriebes sind selbstverständlich auch die

Veränderungen des Geldwertes,

die wir seit Jahren zu verzeichnen haben.

Es kann an dieser Stelle nicht ausführlich erörtert werden, wie sich der Einfluß der fortschreitenden Geldentwertung im gesamten Wirtschaftsleben geltend macht; wohl aber ist ein Hinweis auf die besondere Stellung angebracht, die das Apothekengewerbe in dieser Hinsicht einnimmt.

Die Besonderheit des Apothekenwesens im Hinblick auf die Geldentwertung beruht auf dem Umstande, daß die Verkaufspreise der Apotheker durch die Arzneitaxe fest normiert sind. Dadurch ist der Apotheker der Möglichkeit beraubt, sich plötzlichen starken Veränderungen des Geldwertes in seiner Preisgestaltung sofort anzupassen. Wie alle anderen Warenpreise, so steigen auch die Großhandelspreise der Drogen, Chemikalien und pharmazeutischen Industriepräparate sofort, wenn ein plötzlicher Marktsturz eintritt. Der Apotheker ist aber gezwungen, nach wie vor zu dem Taxpreise zu verkaufen, die auf früheren, durch die Geldentwertung überholten Großhandelspreisen beruhen. Infolgedessen kommt es vor, daß der Apotheker, wenn er in Perioden eines plötzlichen Marktsturzes Einkäufe machen muß, unter Umständen gezwungen ist, Preise zu bezahlen, die höher sind als seine eigenen Verkaufspreise. Er kann in einer solchen Situation nicht abwarten, bis die Taxe der Geldentwertung gefolgt ist; denn er ist kraft gesetzlicher Bestimmungen genötigt, bestimmte Arzneimittel stets vorrätig zu halten.

Die Taxe wird zwar jetzt für jeden Monat neu aufgestellt und im Laufe des Monats erscheinen öfter Nachträge, welche inzwischen eingetretene Preisänderungen berücksichtigen; aber es ist doch kaum möglich, daß die Taxbehörde sich den fortwährenden Preisänderungen von 2000—3000 verschiedenen Arzneimitteln mit der notwendigen Schnelligkeit anpaßt. So schnell, wie es wünschenswert wäre, kann der behördliche Apparat nicht arbeiten; von der Einholung der neuen Großhandelspreislisten bis zur Drucklegung der neuen Taxe oder eines Nachtrages muß notwendigerweise ein Zeitraum verstreichen, der neue Änderungen bringen kann. Es ist deshalb unvermeidlich, daß jede Taxe schon im Zeitpunkt ihres Erscheinens in einzelnen Punkten überholt sein muß, ganz abgesehen von den Änderungen, die bis zur Herausgabe der nächsten Taxe eintreten.

Durch diese Umstände erleidet der Apotheker fortgesetzt Verluste, besonders derjenige Betriebsinhaber, der nicht über ein großes Betriebskapital verfügt oder nicht in der Lage ist, einen großen Teil seiner Zeit der fortlaufenden Kontrolle des vielgestaltigen Warenlagers und dem Studium der Marktberichte zu widmen. Den meisten Apothekern wird es kaum möglich sein, sich in allen Warenartikeln stets zur rechten Zeit und in reichlichem Maße einzudecken. Überdies darf auch nicht übersehen werden, daß der reichlichen Eindeckung in den vielerlei Warengattungen des Apothekenbetriebes nicht nur durch das beschränkte Betriebskapital des Inhabers Grenzen gezogen sind. Manche Waren sind in ihrer Haltbarkeit sehr beschränkt und können aus diesem Grunde immer nur in geringer Menge vorrätig gehalten werden. Andere Waren wieder werden in normalen Zeiten wenig gebraucht, aber plötzlich eintretende Epidemien oder andere unvorhergesehene Umstände können zu einer schnellen Räumung des Vorrats führen. Auch der durch das Warenlager entstehende Zinsverlust ist zu berücksichtigen. Es wird in Apothekerkreisen angenommen, daß sich das im Warenlager steckende Betriebskapital bei mäßigem Lagerbestande etwa fünfmal im Jahre umsetzt, so daß der durchschnittliche Warenbestand — wenn man von den Preisänderungen abstrahiert — auf etwa den fünften Teil des Jahresumsatzes zu schätzen ist. Diese Schätzung wird auch von den Finanzämtern der Einkommensteuerveranlagung der Apothekenbesitzer zugrunde gelegt, wenn eine genaue Inventurangabe nicht beigebracht werden kann. Bei einem Zinsfuß von 10% erfordert die Verzinsung des im Warenlager investierten Kapitals also 2% des Umsatzes; eine Verdoppelung des Warenbestandes würde einen weiteren Zinsverlust von 2% des Umsatzes verursachen. Wenn der Apotheker gezwungen ist, zur Auffüllung des Warenlagers teuren Bankkredit in Anspruch zu nehmen, so ist der Zinsverlust noch erheblich höher.

Den Verlust bringenden Preiserhöhungen des Großhandels stehen allerdings manchmal auch Preisherabsetzungen gegenüber, die für den Apotheker insofern von Vorteil sind, als die taxmäßigen Verkaufspreise noch auf älteren höheren Großhandelspreisen beruhen. Fälle dieser Art sind aber nicht so häufig, daß durch sie auch nur einigermaßen ein Ausgleich für die durch Preiserhöhungen entstehenden Verluste geschaffen würde.

Die vorstehenden Erwägungen gelten nur für diejenigen Waren, deren Verkaufspreise in der Taxe auf Grund von Großhandelsdurchschnittspreisen — unabhängig von dem im Einzelfall zu zahlenden wirklichen Einkaufspreise — fest normiert sind, nicht auch für Spezialitäten.

In bezug auf die Spezialitäten ist Anfang 1923 eine grundlegende Änderung eingetreten. Vorher war für die Verkaufspreise der Spezialitäten der wirkliche Einkaufspreis maßgebend; der Apotheker mußte ältere Bestände noch zu den — meist aufgedruckten — früheren Verkaufspreisen verkaufen, auch wenn inzwischen der Einkaufspreis weit über den alten Verkaufspreis gestiegen war. Seit dem 1. Januar 1923 ist an die Stelle des wirklichen Einkaufspreises der „auf normaler Marktlage beruhende Großhandelspreis" getreten; man wird darunter den Großhandelspreis zu verstehen haben, der am jeweiligen Verkaufstage in Geltung ist, vorausgesetzt, daß es sich nicht um einen ungewöhnlichen, auf einer „Notmarktlage" beruhenden Preis handelt. Damit ist den Apothekern für die Spezialitäten grundsätzlich der Wiederbeschaffungspreis zugestanden worden. Eine wesentliche Abweichung von den Grundsätzen der Wuchergesetzgebung wird darin nicht gefunden werden können, nachdem sich das Reichsgericht auf den Standpunkt gestellt hat, daß bei Feststellung des angemessenen Verkaufspreises ein der Geldentwertung entsprechender Zuschlag zu dem wirklichen Einkaufspreise gemacht werden kann; in der Regel wird der jeweilige „auf normaler Marktlage beruhende Großhandelspreis" mit dem früheren Großhandelspreise + Geldentwertungszuschlag übereinstimmen.

In diesem Zusammenhange verdienen auch die „Konjunkturgewinne" Erwähnung, die durch den Absatz älterer, billiger gekaufter Bestände zu inzwischen gestiegenen Verkaufspreisen gemacht werden können. Solche Konjunkturgewinne sind sicherlich auch von Apothekern vielfach gemacht worden, wenn in der Zeit zwischen Einkauf und Verkauf eine Taxerhöhung eingetreten war; nach den jetzigen Taxbestimmungen sind sie auch bei Spezialitäten möglich. Dabei muß aber immer im Auge behalten werden, daß die Konjunkturgewinne dieser Art in Wirklichkeit nur Scheingewinne sind; in dem höheren Verkaufspreise tritt lediglich die Tatsache in die Erscheinung, daß nach eingetretener Markentwertung die Bewertung der Sachwerte naturgemäß in einem höheren Markbetrage zum Ausdruck kommen muß.

Man wird annehmen dürfen, daß in den Jahresgewinn-Berechnungen der Apotheker vielfach auch „Konjunkturgewinne" enthalten sind, die ein günstigeres Resultat vortäuschen, als es in Wirklichkeit vorliegt. Auf diese Tatsache verweist auch der Bücherrevisor Niehus in seinem bereits mehrfach erwähnten Gutachten; er macht darauf aufmerksam, daß die Apotheker nach seinen Feststellungen im Jahre 1922 — wie die große Mehrzahl der Betriebe überhaupt — von der Substanz gelebt haben, daß das Warenlager oft bemerkenswert kleiner geworden ist. Die Verringerung des Warenlagers kommt aber bei der üblichen, aus den Zeiten stabilen Geldwertes übernommenen Buchungsmethode in der Gewinnberechnung nicht in der richtigen Weise zur Geltung. Niehus, der aus den von ihm geprüften Apothekerbilanzen einen buchmäßigen Reingewinn von durchschnittlich 25 % des Umsatzes berechnet, kommt deshalb zu dem Ergebnis, daß sich bei richtiger Berechnung statt des Gewinns ein Verlust ergeben würde.

Die Auswirkungen der Geldentwertung machen sich schließlich den Apothekern auch noch in anderer Weise fühlbar: einerseits durch die Notwendigkeit, gekaufte Waren sofort oder wenigstens binnen sehr kurzer Frist zu bezahlen, andererseits durch die verspätete Begleichung der Krankenkassenlieferungen. Während der Großhandel seinen Abnehmern schon seit langer Zeit nur noch ein Zahlungsziel von höchstens 14 Tagen einräumt, werden die Lieferungen an Kassenmitglieder oft erst nach Monaten bezahlt. Die Kassenlieferungen werden periodisch abgerechnet und die Bezahlung läßt oft geraume Zeit auf sich warten. Wenn auch seit einiger Zeit an die Stelle der früher üblich gewesenen Vierteljahrsabrechnungen meistens monatliche Abrechnungen getreten sind, so ist das Übel dadurch zwar gemildert, aber doch noch nicht völlig beseitigt. Der Apotheker, der erst nach etwa zwei Monaten sein Geld erhält, wird bei inzwischen eingetretener Geldentwertung in der Regel nicht in der Lage sein, dafür auch nur die gleiche Menge Waren zu kaufen, wie er sie den Kassenmitgliedern geliefert hat, ganz abgesehen von den Unkosten des Betriebes und dem Wegfall jedes Verdienstes.

Diese Mißstände haben in Apothekerkreisen das Bestreben hervorgerufen, die Kreditgewährung an Krankenkassen zu beseitigen oder wenigstens mit den Krankenkassen einen Zahlungsmodus zu vereinbaren, der den heutigen Verhältnissen entspricht. Bisher haben diese Bestrebungen, abgesehen von der Abkürzung der Abrechnungsperioden, keinen Erfolg gezeitigt, aber es liegt auf der Hand, daß eine Änderung des bestehenden Zustandes nicht mehr lange aufgeschoben werden kann, wenn die Arzneiversorgung nicht Schaden leiden soll.

Die Wirtschaftlichkeit des Apothekenwesens.

VIII.

Unter den geschilderten Umständen kann der Ertrag der Apothekenbetriebe nicht so hoch eingeschätzt werden, wie es nach althergebrachten Vorstellungen vielfach geschieht.

Wenn wir für 1922 den Durchschnittsumsatz an Hand der oben erörterten Unterlagen auf rund 3 Mill. M. schätzen und die Bruttogewinnquote auf 40—50% des Umsatzes annehmen, so ergibt sich für den einzelnen Apothekenbetrieb ein Bruttogewinn von 1,2 bis 1,5 Mill. M., der sich auf

1. die allgemeinen sachlichen Unkosten (Miete, Heizung, Beleuchtung und Reinigung der Geschäftsräume, Unterhaltung und Abnutzung der Betriebseinrichtungen, Versicherungsprämien, Steuern und Abgaben usw.),

2. die Gehälter und Löhne des Personals,

3. die Verzinsung des in der Betriebseinrichtung und im Warenlager steckenden Kapitals,

4. die Vergütung für die eigene Arbeitskraft des Besitzers

verteilt. Man wird bei Berücksichtigung aller Umstände nicht sagen können, daß der aus dem Apothekenbetriebe fließende Gewinn zu hoch wäre.

Allerdings geben die Durchschnittszahlen noch kein richtiges Bild der Verhältnisse. Dazu sind die Unterschiede zwischen den einzelnen Betrieben zu erheblich. Es gibt zweifellos sehr rentable Betriebe, während andererseits die kleinen Landapotheken sich im allgemeinen in einer gewissen Notlage befinden.

Niehus hat nach seinem mehrfach erwähnten Gutachten auf Grund der von ihm geprüften buchmäßigen Unterlagen den Rohgewinn für die größeren Betriebe auf $47^{1}/_{2}$%, für die kleineren Betriebe auf 37% des Umsatzes festgestellt. In diesem erheblichen Unterschied tritt die Tatsache in die Erscheinung, daß die Landapotheken infolge der hohen Bezugsspesen relativ erheblich mehr für den Wareneinkauf aufwenden müssen als die Großstadtapotheken, die ihre Waren wenigstens zum größeren Teile von am Orte befindlichen Großdrogenhandlungen beziehen können.

Wenn Niehus trotzdem auf Grund seiner Untersuchungen sowohl für die größeren wie die kleineren Betriebe zu einer durchschnittlichen Reingewinnquote von 25% des Umsatzes gelangt, so ist dies Ergebnis darauf zurückzuführen, daß die kleineren Betriebe wenig oder gar kein Personal beschäftigen und infolgedessen absolut und relativ geringere Unkosten haben. Von den kleinen Landapothekern wird ja auch vielfach darüber geklagt, daß ihre Arbeitskraft durch die Betriebsführung oft übermäßig in Anspruch genommen wird.

Niehus berechnet für die größeren Betriebe 1100000 M., für die kleineren Betriebe 500000 M. durchschnittlichen Reingewinn, unter Einrechnung der Konjunkturscheingewinne, von denen er schreibt, daß ihre Weglassung den Gewinn in einen Verlust verwandeln würde. Wenn wir von diesen Summen einen angemessenen Betrag für die eigene Arbeitskraft des Besitzers in Abzug bringen, so tritt der Unterschied zwischen größeren und kleineren Betrieben noch schärfer hervor. Es zeigt sich dann, daß den kleineren Besitzern wenig oder nichts für die Verzinsung des investierten Kapitals verbleibt, trotz der Berücksichtigung der Konjunkturgewinne.

Die notwendige Kapitalverzinsung ist nicht gering zu veranschlagen. Von Sachverständigen wird angenommen, daß heute zur Neugründung einer Apotheke ohne Grundstück mindestens 25 Mill. M. erforderlich sind, die zur Beschaffung der gesetzlich vorgeschriebenen Betriebseinrichtung und des notwendigsten Warenvorrates sowie als flüssiges Betriebskapital für laufende Ausgaben gebraucht werden. Wenn man das erforderliche Kapital für den Durchschnitt des Jahres 1922 auf nur 3 Mill. M. schätzt, so ergibt sich bei einem Zinsfuß von 10% (der wohl in Anbetracht der Zeitverhältnisse als angemessen gelten darf) ein Zinsbetrag von 300000 M.

Die Apotheken sind danach heute bei Berücksichtigung aller in Frage kommenden Umstände im allgemeinen sicherlich nicht als die Goldgruben zu betrachten, die man früher — ob mit Recht oder Unrecht — in ihnen vermutet hat.

IX.

Die weit verbreiteten Vorstellungen von übermäßig hohen Apothekergewinnen sind sicherlich zum Teil auf die Tatsache zurückzuführen, daß in früheren Zeiten bei Apothekenverkäufen vielfach Preise gezahlt worden sind, die den realen Wert weit überstiegen. Es ist zwar auch in anderen Gewerbezweigen seit jeher üblich gewesen, den Verkaufswert eines Geschäftes nicht lediglich nach dem Sachwert der Geschäftseinrichtung und dem Warenvorrat zu beurteilen, sondern auch einen gewissen „Kundschaftswert" in Rechnung zu stellen. Dieser Kundschaftswert findet eine gewisse Berechtigung in dem Umstande, daß der Käufer eines vielleicht schon seit langer Zeit bestehenden und gut eingeführten Geschäfts in seinen geschäftlichen Aussichten Vorteile genießt, die ihm bei einer Neugründung nicht zugute kämen; der frühere Besitzer hatte sich durch seine Beziehungen zur Kundschaft gewissermaßen ein Kapital erworben, welches beim Verkauf des Geschäfts durch den Kundschaftswert in bare Münze umgesetzt wurde. Bei Apothekenverkäufen ging

Die Wirtschaftlichkeit des Apothekenwesens.

indessen dieser Kundschaftswert oft weit über das normale Maß hinaus. Es hatte sich die Gepflogenheit herausgebildet, die Apothekenwerte bei Geschäftsveräußerungen durch Multiplikation des Umsatzes mit einem bestimmten Quotienten zu berechnen, und dieser Quotient war jahrzehntelang im Steigen begriffen. Schelenz gibt in seiner Geschichte der Pharmazie den Quotienten für

1852 auf 4—4,5,
1861 „ 7,4,
1870 „ 6,8—7,7
1898 „ 7.7

des Umsatzes an. Es ist klar, daß die Verzinsung solcher Kaufpreise einen sehr großen Teil der geschäftlichen Einnahmen verschlingen und zugleich zu der Meinung Veranlassung geben mußte, daß der Bruttogewinn der Apotheker ungewöhnlich hoch sein müsse, wenn der Käufer einer Apotheke trotz des hohen Kaufpreises noch auf seine Rechnung komme. Allerdings waren auch die Erwerber von Apotheken, wenn sie den Kaufpreis nicht voll aus eigenen Mitteln gedeckt hatten, vielfach in einer äußerst prekären wirtschaftlichen Lage.

Es sind in erster Linie die hohen Apothekenkaufpreise gewesen, die schon vor Jahrzehnten das Verlangen nach einer gründlichen Reform des Apothekenwesens hervorgerufen und den Reformbestrebungen einen starken Nachdruck verliehen haben. Besonders auch in den Kreisen der nach Selbständigkeit strebenden Angestellten mußten die hohen Kaufpreise Mißstimmung und Unzufriedenheit erzeugen. In Preußen ist deshalb im Jahre 1894 für alle Neugründungen die Personalkonzession eingeführt worden, die auf Lebenszeit verliehen wird, aber nicht veräußert und vererbt werden kann. Damit war auch minderbemittelten Angestellten die Möglichkeit des Selbständigwerdens eröffnet und zugleich wenigstens für alle neuen Apotheken dem viel beklagten „Apothekenschacher" vorgebeugt worden. Völlig beseitigt waren die Mißstände aber nicht. Für die bei Einführung der Personalkonzession bereits vorhandenen Apotheken blieb das alte System bestehen, und es zeigte sich, daß die pharmazeutischen Angestellten viele Jahre lang in unselbständiger Stellung bleiben mußten, ehe sie auf Erteilung einer Personalkonzession rechnen konnten. Der Ruf nach einer Reform des Apothekenwesens ist deshalb auch heute nicht erloschen.

Indessen hat die neuere Entwicklung zu einer grundlegenden Veränderung der Verhältnisse geführt. Ungewöhnlich hohe Kundschaftswerte (in Apothekerkreisen gewöhnlich Konzessionswerte oder „Idealwerte" genannt) werden heute nicht mehr bezahlt. Unter dem Einfluß der Geldentwertung sind die zu einem Apothekenbetriebe gehörigen Sachwerte — in erster Linie die Werte der Betriebseinrichtung und des Warenvorrats, in geringerem Grade auch die Grundstückswerte — in die Kaufpreise hineingewachsen, so daß heute nennenswerte Unterschiede zwischen dem Werte der Realien und den üblichen Kaufpreisen kaum noch zu bemerken und die „Idealwerte" verschwunden sind. Allerdings sind auch die Kaufpreise in ihrem nominellen Markbetrage gestiegen, aber auch nicht annähernd in proportionalem Verhältnis zur allgemeinen Geldentwertung und zur Preissteigerung der Betriebseinrichtungsgegenstände. Nach Angeboten in der Fachpresse wird man heute den Kaufpreis einer mittleren Apotheke auf 50 Mill. M. annehmen können; dagegen weisen die vom Statistischen Reichsamt allmonatlich aufgestellten „Richtzahlen für Berufsgegenstände" für März 1923 folgende Indexziffern auf, die für Apothekenbetriebe in Frage kommen.

  Apparate und Gefäße 4758
  Standgefäße   5200
  Medizingläser, Tropfgläser, Kruken 6085
  Spezielle Holzeinrichtungsgegenstände . . . 3781
  Arzneimittel   4140
  Verbandstoffe 11906

Wenn man an der Hand dieser Indexziffern einen Kaufpreis von 50 Mill. M. in den Friedenswert umrechnet, so ergeben sich etwa 10000 M. Man pflegte aber in der Vorkriegszeit den Sachwert einer gut eingerichteten Apotheke (ohne das meist dazugehörige Grundstück) auf mindestens 20000 M. zu schätzen.

Übrigens kommen heute Apothekenverkäufe weit seltener vor als früher. Die Ursachen dieser Erscheinung liegen nahe: Einerseits wird jeder Besitzer einer verkäuflichen Apotheke bestrebt sein, sich den Besitz der Apotheke als Sachwert und als Erwerbsquelle solange als möglich zu erhalten, weil er die wirtschaftlichen Auswirkungen weiterer Geldentwertung fürchten muß und keine Gewähr dafür hat, daß der Kaufpreis ausreichend sein wird, um ihm ein sorgenfreies Alter zu verschaffen; andererseits sind aber auch die finanziellen Mittel der Bevölkerungskreise, aus denen sich die Angestellten rekrutieren, meist nicht in einem der Geldentwertung entsprechenden Grade gestiegen. Angebot und Nachfrage haben deshalb gleichermaßen nachgelassen.

Aus den geschilderten Veränderungen, welche die Entwicklung der letzten Jahre mit sich gebracht hat, ergeben sich einige wichtige Folgerungen:

1. Die Rentabilität der einzelnen Apotheken wird heute nicht mehr oder nur in unbedeutendem Maße durch den hohen Kaufpreis beeinträchtigt, den der jeweilige Besitzer beim Erwerbe gezahlt hat.

Die Wirtschaftlichkeit des Apothekenwesens. 47

Diese Veränderung kommt aber den heutigen Besitzern im finanziellen Endeffekt nicht zugute, weil die Ertragsfähigkeit der Apotheken gegen früher zurückgegangen ist; in dieser Beziehung machen sich die Einschränkung des Arbeitsfeldes der Apotheker durch die pharmazeutische Industrie, die relative Verringerung der Taxpreise und andere Veränderungen im Wirtschaftsleben fühlbar.

2. Aus den gleichen Gründen kann aber auch kaum noch davon die Rede sein, daß die Arzneiversorgung durch das Bestehen hoher Konzessionswerte ungebührlich belastet werde. Damit hat der wichtigste Grund, der früher die Reformbestrebungen im Apothekenwesen befruchtet hat, seine Überzeugungskraft eingebüßt. Es erscheint heute wichtiger, bei einer Neugestaltung des Apothekenwesens die Veränderungen zu berücksichtigen, welche die industrielle Entwicklung in der Arzneiversorgung hervorgerufen hat.

X.

Es kommt schließlich noch ein weiterer Umstand in Betracht, der besonderer Beachtung bedarf: Für den wenig bemittelten Teil der angestellten Apotheker sind die Aussichten zur Erlangung wirtschaftlicher Selbständigkeit stark herabgemindert. Dadurch sind auch Veränderungen in der sozialen Struktur des Apothekerstandes eingetreten.

Die Apotheker rekrutierten sich in der Regel aus Familien des Mittelstandes, die bemittelt genug erschienen, um dem jungen Pharmazeuten zu gegebener Zeit den Erwerb einer eigenen Apotheke zu ermöglichen. Die Angestelltenzeit war für den Apotheker nur ein Übergangsstadium zur Selbständigkeit, die ihm seine seiner Herkunft und seiner Vorbildung entsprechende soziale Stellung und ein entsprechendes Einkommen verschaffte.

Die Steigerung der Apothekenkaufpreise verminderte bereits die Selbständigkeitsaussichten. Viele junge Apotheker mußten nun auf den Erwerb einer eigenen Apotheke verzichten und ihrem Selbständigkeitsdrange durch Gründung oder Erwerb einer Drogerie oder eines kleinen Fabrikationsbetriebes Genüge leisten oder aber in der Großindustrie eine Stellung suchen, die wenigstens ein besseres Einkommen bot als die Anstellung in einer Apotheke. Die Einführung der Personalkonzession schien dann die Selbständigkeitsaussichten im engeren Beruf auch für minderbemittelte Pharmazeuten wieder zu vermehren.

Jetzt liegen die Dinge so, daß zum Erwerb einer verkäuflichen Apotheke, trotzdem die Kaufpreise mit der Geldentwertung nicht Schritt gehalten haben, immerhin eine Kapitalkraft gehört, die den Schichten des Mittelstandes in vielen Fällen fehlt. Dasselbe gilt jetzt aber auch bei den hohen Einrichtungskosten für die Errichtung einer neuen Apotheke oder für die Übernahme einer an den Staat zurückgefallenen Personalkonzession, so daß auch dieses Konzessionssystem einer großen und ständig wachsenden Zahl von angestellten Apothekern nicht mehr die Aussicht bietet, dereinst selbst Besitzer zu werden.

Es ist wohl letzten Endes auf diese Veränderung in der sozialen Grundlage des Apothekengewerbes zurückzuführen, daß in der letzten Zeit sich die Läger der Besitzenden und der angestellten Apotheker immer reinlicher geschieden haben. Noch bis Anfang 1922 waren drei große Berufsvereine, der überwiegend aus Besitzern bestehende Deutsche Apothekerverein, der nur Besitzer umfassende Wirtschaftsverband der Apotheker und der Verband angestellter Apotheker, zu einer „Arbeitsgemeinschaft Deutscher Apotheker" („Ada") vereinigt, die sich die gemeinschaftliche Wahrnehmung der wirtschaftspolitischen Interessen des Apothekengewerbes zur Aufgabe gestellt hatte; Meinungsverschiedenheiten über ein Apothekenreformprogramm, die nicht unüberbrückbar schienen, brachten das Gemeinschaftsverhältnis zur Auflösung. Seitdem hat sich der Angestelltenverband zu einer „Gewerkschaft" umgewandelt und sich dem „Gewerkschaftsbund der Angestellten" (G. D. A.) angeschlossen. Andererseits sind im Deutschen Apothekerverein ernsthaft Bestrebungen im Gange, den Verein in eine reine Besitzerorganisation umzuwandeln.

Ein Berührungspunkt zwischen den Vereinen der Besitzer und der Angestellten besteht jetzt nur noch in der „Tarifvertragsgemeinschaft Deutscher Apotheker", die allmonatlich für das ganze Reich — abgestuft nach Ortsklassen — Tarifgehälter für die angestellten Apotheker festsetzt. Es ist für die Beurteilung der wirtschaftlichen Verhältnisse im Apothekengewerbe von Interesse, die Grundsätze darzulegen, nach denen diese Körperschaft arbeitet.

Die Gehälter werden nach den fünf Ortsgruppen des Reichsbesoldungsgesetzes und nach vier Gehaltsstufen unterschieden. In die vier Gehaltsstufen fallen:

1. Unexaminierte Gehilfen, d. h. Assistenten, die nach Absolvierung ihrer Praktikantenzeit das pharmazeutische Vorexamen bestanden haben,

2. Kandidaten, welche die pharmazeutische Staatsprüfung bestanden haben, sich aber noch in den Jahren praktischer Betätigung befinden, welches sie bis zur Erlangung der Approbation als Apotheker zu absolvieren haben,

3. approbierte Apotheker unter fünf Dienstjahren nach der Approbation,

4. approbierte Apotheker mit mehr als fünf Dienstjahren nach der Approbation.

Die Wirtschaftlichkeit des Apothekenwesens.

Bis Ende 1922 wurden die Tarifgehälter allmonatlich nach freiem Ermessen der Mitglieder des Hauptausschusses der Tarifvertragsgemeinschaft festgesetzt. Bei der jedesmaligen Gehaltsfestsetzung spielte natürlich die Rücksichtnahme auf die jeweilige wirtschaftliche Lage des Apothekengewerbes und die in Geltung befindlichen Taxpreise, besonders auf die Rezepturarbeitspreise, eine erhebliche Rolle. Dieses Verfahren hatte indessen den Nachteil, daß die beteiligten Kreise meist erst in letzter Stunde erfuhren, welche Gehälter zu zahlen waren. In einer Sitzung vom 30. Dezember 1922 einigte sich deshalb der Hauptausschuß auf den Beschluß, die Gehälter zunächst für die ersten drei Monate des Jahres 1923 den Gehältern der Reichsbeamten anzupassen, und zwar derart, daß

Unexaminierte in die Reichsbesoldungsgruppe V Stufe 3
Kandidaten „ „ „ VII „ 3
Approbierte I „ „ „ IX „ 3
Approbierte II „ „ „ IX „ 7

eingereiht wurden. Das tarifmäßige Monatsgehalt sollte sich zusammensetzen aus

a) dem Grundgehalt und dem Ortszuschlag der entsprechenden Reichsbeamtengruppe,

b) ein Drittel des für Berlin, und zwar für den Vormonat zuletzt bewilligten Reichssonderzuschlags,

c) der für den Vormonat zuletzt bewilligten Reichsteuerungszulage.

Unverheirateten Angestellten waren von den danach zu berechnenden Gehältern Abzüge zu machen, die an eine — bereits seit längerer Zeit bestehende — Verheirateten-Zuschußkasse abzuführen waren. Nach diesem Beschluß ergaben sich zunächst für den Monat Januar 1923 für verheiratete Angestellte folgende Gehälter:

Ortsklasse	A	B	C	D	E
Unexaminierte	64827	61740	60368	58653	57281
Kandidaten	80048	76832	74774	72674	70658
Approbierte I	99813	95354	92953	90552	88151
Approbierte II	114905	110446	108045	105644	103243

Die Abzüge für Unverheiratete betrugen für Januar:

für Unexaminierte . . . . . . 1500 M.
„ Kandidaten . . . . 1800 „
„ Approbierte I . . . . . . 2400 „
„ Approbierte II . . . . 3000 „

Die nach denselben Grundsätzen berechneten Februargehälter beliefen sich — je nach der Ortsklasse —

für Unexaminierte auf 101591—114975 M.
„ Kandidaten „ 125316—143566 „
„ Approbierte I „ 160741—181424 „
„ Approbierte II „ 183107—203791 „

Es stellte sich jedoch die Notwendigkeit heraus, zu diesen Gehaltssätzen noch Zuschläge zu bewilligen, die dann durch Entscheidung des Hauptausschusses vom 10. März 1923 für die vier Angestelltenkategorien auf

     35200—40000 M.
     44000—50000 „
     53300—60000 „
     72000—80000 „

festgesetzt wurden.

Für März 1923 ergaben sich gemäß Entscheidung des Hauptausschusses vom 10. März folgende Gehälter:

Unexaminierte	188792—213663 M.
Kandidaten	232882—266797 „
Approbierte I	290537—328973 „
Approbierte II	340279—378715 „

Wenn man diese Gehälter zu den Tarifgehältern des Jahres 1922 — Anlage 4 — in Vergleich stellt, so ist auch bei Berücksichtigung der inzwischen eingetretenen Verteuerung der Kosten des Lebensunterhalts eine gewisse Aufbesserung unverkennbar. Wenn auch vielleicht nicht im Verhältnis zur allgemeinen Geldentwertung, so doch im Vergleich zu den Gehältern anderer Angestelltenkategorien haben sich die Tarifgehälter der angestellten Apotheker etwas gehoben. Sie entsprechen allerdings noch lange nicht den Ansprüchen, welche die Apotheker als Akademiker berechtigterweise stellen können.

Für die folgenden Monate — April bis Juni — ist das System der Anpassung der Gehälter an die angegebenen Besoldungsgruppen des Reichsbesoldungsgesetzes mit gewissen Modifikationen beibehalten worden.

Eine Besonderheit des Apothekengewerbes ist die bereits erwähnte Verheirateten-Zuschußkasse, zu deren Gunsten den unverheirateten Angestellten Abzüge — für März 5000 M., 6000 M. und 9000 M. — gemacht werden. Aus dieser Kasse werden den Arbeitgebern verheirateter Angestellter Zuschüsse gewährt. Der Zweck der Einrichtung liegt auf der Hand: die Verheirateten sollen zwar etwas höhere Gehälter erhalten als die Unverheirateten, es soll aber zugleich der Gefahr vorgebeugt werden, daß die Besitzer aus Sparsamkeitsrücksichten in erster Linie unverheiratetes Personal anstellen und dadurch den Verheirateten die Erlangung einer Stellung erschweren.

Aus den gleichen Gründen wird mit Rücksicht auf die älteren, tarifmäßig besser bezahlten Angestellten die Schaffung einer allgemeinen Gehaltsklasse angestrebt, wie sie in Österreich bereits besteht.

Spezieller Teil.

Vorbemerkung.

Der spezielle Teil dieser Arbeit verfolgt die Aufgabe, im Anschluß an die im allgemeinen Teil getroffenen Feststellungen die Organisation des Apothekenwesens einer kritischen Betrachtung zu unterziehen und die Möglichkeiten einer Apothekenreform nach verschiedenen Richtungen hin zu prüfen. Zu diesem Zweck erscheint es angebracht, zunächst gewisse

allgemeine Richtlinien

aufzustellen.

Das Apothekenwesen muß, wenn es seine volkswirtschaftliche Aufgabe in befriedigender Weise erfüllen soll, folgenden Bedingungen entsprechen:

1. Die Zuverlässigkeit der Arzneiversorgung muß möglichst vollkommen gewährleistet sein.

2. Der Apothekenbetrieb muß im volkswirtschaftlichen Sinne wirtschaftlich sein. Jede Vergeudung von Arbeitskraft und Material bedeutet eine Belastung der Volkswirtschaft und legt die Vermutung nahe, daß organisatorische Mängel vorhanden sind.

3. Alle im Gewerbezweige tätigen Personen müssen — ohne übermäßige Belastung der Verbraucher — ein ihrer wirtschaftlichen Leistung entsprechendes angemessenes Einkommen beziehen.

Ich glaube diese Sätze als allgemeine Postulate meinen Betrachtungen voranstellen zu können. Sie finden ihre Begründung in dem über den technischen Begriff der Produktivität erweiterten Begriff der volkswirtschaftlichen Produktivität[1].

I.

Aus den Untersuchungen des allgemeinen Teils ergibt sich, daß der Apothekenbetrieb sich unter dem Einfluß der pharmazeutischen Industrie wesentlich vereinfacht hat. Die Eigenproduktion der Apotheken für den Bedarf des eigenen Betriebes ist bis auf geringe

---

[1] Vgl. über den Begriff der volkswirtschaftlichen Produktivität die Verhandlungen des Vereins für Sozialpolitik, Bd. 132 S. 329 ff. „Schriften des Vereins für Sozialpolitik", Bd. 132. Leipzig 1910.

Reste verschwunden; auch die Rezeptur, die besondere Zubereitung der einzelnen Arznei, hat eine Vereinfachung und einen Rückgang erfahren und in gewissem Grade hat der ganze Apothekenbetrieb vielfach den Charakter eines reinen Handelsgeschäfts angenommen.

Unter diesen Umständen muß zunächst die Frage auftauchen, ob die Aufrechterhaltung des Apothekenwesens als eines besonderen gesetzlich geregelten und mit Monopolrechnung ausgestatteten Gewerbezweiges überhaupt noch eine Notwendigkeit darstellt, ob es der heutige Stand der pharmazeutischen Produktion nicht vielmehr erlaubt, den Kleinhandel mit Arzneimitteln völlig freizugeben, also die Befriedigung des Arzneibedürfnisses der Bevölkerung dem freien Handel zu überlassen. Wer diese Frage aufwirft, kann sich darauf berufen, daß ein entsprechender gesetzlicher Zustand in England bereits besteht. Dort ist der Handel mit Arzneiwaren und die Anfertigung von Arzneien vollständig und allgemein freigegeben; nur ein Titelschutz besteht insofern, als sich niemand als „Chemist und Druggist" oder als „Pharmaceutical Chemist" bezeichnen darf, der die entsprechende Prüfung nicht bestanden hat (Böttger, Artikel „Apotheker" im Handwörterbuch der Staatswissenschaften).

Es ist in Deutschland nicht bekannt geworden, ob dieser Zustand völliger Gewerbefreiheit nicht Mißstände hervorgerufen hat. Bei der Wichtigkeit, die dem Vertrieb von Arzneimitteln im gesundheitlichen Interesse der Bevölkerung zukommt, bei den Gefahren, die mit der Abgabe insbesondere stark wirkender Arzneimittel unmittelbar an die Verbraucher verknüpft sind, überhaupt mit Rücksicht auf das Erfordernis unbedingter Zuverlässigkeit in der Arzneiversorgung, wird man sich aber in Deutschland schwerlich entschließen können, das englische Beispiel nachzuahmen. Nach den in Deutschland herrschenden Anschauungen ist vielmehr ein Befähigungsnachweis notwendig

1. zur einwandfreien Prüfung der abzugebenden Arzneimittel auf ihre Identität, ihre Reinheit und Güte,

2. zur Gewährleistung absoluter Zuverlässigkeit und Genauigkeit bei der Herstellung von Arzneien nach ärztlicher Vorschrift,

3. zur Gewährleistung aller Vorsichtsmaßregeln bei Aufbewahrung und Abgabe stark wirkender Arzneimittel.

Darin liegt ein Schutz der Bevölkerung gegen eigene Unkenntnis und Leichtfertigkeit und die damit verbundenen gesundheitlichen Gefahren. Da der Arzneiverbraucher meist nicht in der Lage ist, die empfangene Arznei zu untersuchen, so erscheint es mindestens zweckmäßig, wenn nicht unbedingt notwendig, dem Verkäufer einen Befähigungsnachweis aufzuerlegen und ihn zugleich einer gesetzlichen Kontrolle zu unterwerfen.

Spezieller Teil.

Die deutsche Gesetzgebung genügt diesem Bedürfnis in sehr weitgehendem Maße. Die Erlangung der Approbation als Apotheker beruht auf folgendem Bildungsgange:
1. höhere Schulbildung (bis 1. Oktober 1904 Reife für Obersekunda, später Primareife, seit 1. Januar 1922 Maturum),
2. praktische Lehrzeit in einer Apotheke (drei Jahre, für Abiturienten — jetzt also allgemein — zwei Jahre),
3. Bestehen der pharmazeutischen Vorprüfung,
4. praktische Gehilfenzeit (bis 1904 drei Jahre, seitdem ein Jahr),
5. Universitätsstudium (bis 1904 drei Semester, seitdem vier Semester),
6. Bestehen der pharmazeutischen Hauptprüfung,
7. seit 1904 weitere zweijährige praktische Tätigkeit.

Die Apothekenbetriebe sind in bezug auf ihre Einrichtung und Geschäftsführung sehr ins einzelne gehenden Vorschriften unterworfen, deren Durchführung durch periodische Revisionen kontrolliert wird.

Durch diese gesetzlichen Vorschriften haben die Apotheken in Deutschland den begründeten Ruf großer Zuverlässigkeit erlangt.

Nun hat allerdings das Überhandnehmen gebrauchsfertiger Fabrikspezialitäten in Originalpackung das Vertrauen in die Zuverlässigkeit des Apothekers in gewissem Grade gegenstandslos gemacht. Der Apotheker kann derartige Arzneimittel nicht prüfen, ohne die Originalpackung zu verletzen. Er ist also selbst wohl oder übel gezwungen, sich auf die Lieferanten zu verlassen; es wird nur selten vorkommen, daß ein Apotheker eine Originalpackung öffnet, um eine Stichprobe zu machen. Daraus wird manchmal die Folgerung abgeleitet, daß die Spezialitäten in Originalpackung vollständig (zum Teil sind sie heute schon freigegeben) dem freien Handel überantwortet werden könnten. Indessen ist zu berücksichtigen, daß es sich vielfach um stark wirkende Arzneimittel handelt, deren Aufbewahrung, Behandlung und Abgabe in der Apotheke immerhin die Vermutung größerer Zuverlässigkeit für sich hat; denn der Apotheker ist trotz der Schwierigkeit der Untersuchung, die bei diesen Mitteln besteht, gesetzlich für ihre Güte verantwortlich und ist schweren Unannehmlichkeiten ausgesetzt, wenn sich Unzuträglichkeiten ergeben. Es ist anzunehmen, daß der Apotheker schon aus Rücksicht auf seinen Ruf mindestens bei der Auswahl seiner Lieferanten mit größerer Sorgfalt verfährt, als es von einem beliebigen Händler zu erwarten ist.

Überdies kommen dabei nicht nur gesundheitspolizeiliche Erwägungen in Frage. Wenn man die Apotheke als eine Arzneibereitungsanstalt, deren Zuverlässigkeit durch gesetzliche Vorschriften und behördliche Aufsicht garantiert ist, nicht überhaupt für überflüssig hält, so wird man notwendigerweise zu dem Schluß kommen müssen, daß ihre wirtschaftliche Existenzfähigkeit gewährleistet werden muß. Aus diesem Grunde wird man ihr auch Mittel zum ausschließlichen Verkauf zuweisen müssen, von denen man aus rein gesundheitspolizeilichen Erwägungen heraus im Zweifel sein kann, ob sie nicht freigegeben werden könnten. Auf die Frage, inwieweit das Apothekenmonopol, d. h. das Recht der Apotheken zum ausschließlichen Verkauf gewisser Arzneimittel im Kleinhandel aufrechtzuerhalten, einzuschränken oder zu erweitern ist, wird noch weiter eingegangen werden. Jedenfalls ist zunächst zu konstatieren, daß sich das Institut der Apotheke an sich in Deutschland bewährt hat. Man wird deshalb nicht geneigt sein, etwa durch völlige Beseitigung des Apothekenwesens die Zuverlässigkeit der Arzneiversorgung aufs Spiel zu setzen, um dafür ungewisse und zweifelhafte Vorteile einzutauschen.

Worin könnten übrigens diese Vorteile bestehen? Es ist wohl selbstverständlich, daß der Apotheker kraft seiner Vorbildung für seine Arbeitsleistung eine höhere Vergütung beanspruchen darf als ein beliebiger Händler ohne jedweden besonderen Bildungsgang. Trotzdem ist keine Gewähr dafür geboten, daß eine völlige Freigabe des Kleinhandels mit Arzneimitteln wirklich zu einer Verbilligung der Arzneiversorgung führen würde.

II.

Eine andere Frage ist es, ob das bestehende Konzessionssystem noch zeitgemäß ist, ob es den heutigen Verhältnissen entspricht. Man wird für die Beurteilung dieser Frage zunächst den Kernpunkt herausschälen müssen: Limitierungsprinzip oder Niederlassungsfreiheit?

Das jetzige System beruht auf dem Limitierungsprinzip, auf dem Gedanken, daß die Zahl der Apotheken beschränkt werden müsse, um nach Möglichkeit jeder Apotheke Lebensfähigkeit zu gewähren. Von den Anhängern des Prinzips wird geltend gemacht, daß eine erhebliche Vermehrung der Apothekenzahl den ohnehin geringen Durchschnittsumsatz der Apotheken noch weiter verringern und die Existenz mancher Apotheke bedrohen müsse; außerdem bestehe die Gefahr, daß sich die Apotheken in den größeren Städten anhäufen, während das platte Land davon entblößt werde. Dadurch werde die Arzneiversorgung auf dem Lande gefährdet. Die Freunde der Niederlassungsfreiheit führen dagegen als wichtigstes Argument ins Feld, daß das Limitierungsprinzip eine Einschränkung der Konkur-

Spezieller Teil. 55

renz enthalte, die sowohl den jungen, nach Selbständigkeit drängenden Apothekern wie der Bevölkerung nachteilig sei.

Der Streit um die Niederlassungsfreiheit besteht seit Jahrzehnten und wird von Zeit zu Zeit immer wieder aufs neue entfacht, hat aber das bestehende System noch nicht erschüttern können. In Elsaß-Lothringen hat vorübergehend — von 1872—1877 — Niederlassungsfreiheit bestanden, aber die damit gemachten Erfahrungen waren, wie Springfeld (Zur Entwicklungsgeschichte der Apothekenreform S. 33) berichtet, durchaus nicht günstig. Springfeld verweist darauf, daß die Niederlassungsfreiheit in Elsaß-Lothringen durch § 29 der Revidierten Gewerbeordnung Gesetz geworden war und schreibt über die sofort eingetretenen Wirkungen folgendes:

Die Folge davon war, daß... schon im Jahre 1872 eine Zunahme der Apotheken um 10%, bei einer Abnahme der Bevölkerung um 1%, ferner eine sehr ungleichmäßige Verteilung der Apotheken, Entblößung des Landes und Überfüllung der Städte, insbesondere Straßburg und Metz, eingetreten war. Die im Aufsichtswege schwer auszuschließende, mit Notwendigkeit aus den ungünstigen Konkurrenzbedingungen folgende Rückwirkung auf die Güte der Leistungen der Apotheken und die öffentliche Sicherheit bestimmten den Landesausschuß, durch Beschluß vom 8. Juni 1875 den Wunsch auszusprechen, daß keine neue Apotheke ohne Genehmigung der Regierung errichtet werden dürfe. Diesem Wunsche gemäß legte der Reichskanzler dem Reichstag einen Gesetzentwurf vor, in dem die Errichtung einer Apotheke von der Genehmigung des Oberpräsidenten abhängig gemacht war; der Entwurf wurde am 10. Mai 1877 Gesetz.

Auch in anderen Ländern, wo Niederlassungsfreiheit besteht oder bestand, hat sie keine günstigen Wirkungen ausgelöst. In Italien, wo die Niederlassungsfreiheit durch den Sanitätskodex vom Jahre 1889 für das ganze Gebiet des Königreichs eingeführt worden war, ist sie 1913 wieder beseitigt worden. Der damalige Ministerpräsident Giolitti brachte das entsprechende Gesetz in der entscheidenden Sitzung des Parlaments unter Darlegungen zur Annahme, die in einem Bericht der Pharmazeutischen Zeitung (1913 Nr. 28) wie folgt wiedergegeben werden:

Die Niederlassungsfreiheit sei ein Fehler; denn gerade auf dem Lande ginge die Zahl der Apotheken zurück, so daß die Landbevölkerung ihren Arzneibedarf nur mit wachsenden Schwierigkeiten decken könne, während auf der anderen Seite die Zunahme der Apotheken in den Städten bei weitem die Anforderungen übersteige. Die Niederlassungsfreiheit liege weder im Interesse des Apothekers noch des Publikums, und die Anforderungen, die an die Apotheker gestellt werden, seien solcher Art, daß ihm gesellschaftlich wie wirtschaftlich eine Stellung eingeräumt werden sollte, die ihn für die ihm auferlegten Opfer entschädige. Andernfalls werde er unter dem Druck der Konkurrenz und des Kampfes ums Dasein in die schwere Lage kommen, eine Wahl zu treffen zwischen Berufspflicht und Gewissen... Die Niederlassungsfreiheit habe in Italien keine Verbilligung des Arzneibezuges mit sich gebracht; denn die Apotheker, die über die Konkurrenz in den Apotheken klagen, gehen nicht aufs Land, und die Apotheker, welche das Vertrauen des Publikums besitzen, verlangen auch höhere Preise für die gewissenhafte und aufmerksame Erfüllung ihrer Tätigkeit.

Aus Frankreich, wo ebenfalls Niederlassungsfreiheit besteht, liegt eine bedeutungsvolle Äußerung über den Einfluß der Niederlassungsfreiheit auf die Gestaltung der Arzneimittelpreise vor. Dorvault, früherer Direktor der Zentralapotheke in Paris, ein sicher einwandfreier Zeuge, sagt in seiner Schrift: „La Pharmacie française en présence de ses reformes"[1] folgendes:

„Die Ansicht ist verbreitet, daß die Freigebung der Pharmazie wohlfeilere Arzneipreise zur Folge habe. Das ist ein gewaltiger Irrtum. In der Tat sind in jenen Ländern, wo die Zahl der Apotheken eine beschränkte ist und die Apotheker im allgemeinen sehr unterrichtet sind, die Medikamente auch wohlfeiler... Die Erklärung dieser Tatsache ist einfach. In den Ländern, wo das Apothekenwesen beschränkt und jede Offizin eines hinreichenden Schutzes sicher ist, bindet die Regierung den Apotheker an eine verordnungsmäßige Taxe und andere Verpflichtungen als Gegengewicht für die Vorrechte, welche sie ihm einräumt. In Frankreich, wo die Pharmazie keiner Beschränkung unterliegt, sind die Arzneien viel teurer als in Deutschland."

Man wird annehmen dürfen, daß auch das in England (und in den Vereinigten Staaten von Nordamerika) bestehende System vollständiger Gewerbefreiheit in bezug auf die Preisgestaltung keine besseren Wirkungen gezeitigt hat. In Amerika und England ist der Apotheker ein kleiner Gewerbetreibender, der neben anderen Artikeln auch Arzneien führt oder nach ärztlichem Rezept herstellt; eine Bindung an eine bestimmte Arzneitaxe besteht nicht. Es ist übrigens zu beachten, daß nirgends, auch in Deutschland nicht, die „Patentmedizin" eine solche Rolle spielt wie in diesen beiden Ländern, und daß dort ferner auch die Ärzte das Recht der Arzneianfertigung besitzen.

---

[1] Zitat nach Frickhinger, Das Apothekenwesen in Bayern. Aus Berendes Das Apothekenwesen, S. 289.

Spezieller Teil. 57

Für Deutschland wird das System der Niederlassungsfreiheit abzulehnen und am Limitierungsprinzip festzuhalten sein. Die unmittelbare Folge der Einführung der Niederlassungsfreiheit für alle approbierten Apotheker wäre sicherlich die Umwandlung der vielen, heute von Apothekern betriebenen Drogenkleinhandlungen in Apotheken, ein Vorgang, der die Zahl der Apotheken erheblich steigern würde; auch Neugründungen wären in der Anfangszeit wahrscheinlich zu erwarten. Es liegt auf der Hand, daß sich dadurch das ohnehin ungünstige Verhältnis der konstanten Unkosten zum Umsatz noch weiter verschlechtern müßte. Auch ist die Gefahr nicht von der Hand zu weisen, daß die Apotheken zur Bekämpfung der stärker gewordenen Konkurrenz eine ausgedehnte Reklame betreiben und damit eine Steigerung ihrer Betriebskosten verursachen würden, die in letzter Linie vom Arzneiverbraucher getragen werden müßte. Hier kann das Beispiel vieler anderer Zweige des Kleinhandels, die mit Geschäften überlastet sind, als Beleg und als Warnung dienen.

Sowohl aus Gründen medizinalpolizeilicher Natur wie auch aus volkswirtschaftlichen Erwägungen heraus ist das Limitierungsprinzip vorzuziehen.

Aus den gleichen Gründen scheint mir auch ein Abbau des Apothekenmonopols — die von den Drogisten geforderte Freigabe aller sog. unschädlichen Mittel für den Arzneimittelhandel außerhalb der Apotheken — nicht geeignet zu sein, die vielfach erwartete Wirkung einer allgemeinen Preisermäßigung zu zeitigen. Ich neige eher der Ansicht zu, daß die ausschließliche Konzentration des Arzneimittelhandels in den Apotheken durch die Erhöhung des Durchschnittsumsatzes eine Preisermäßigung ermöglichen würde.

Die Ansicht, daß freigegebene Arzneimittel in Drogerien billiger zu haben seien als in Apotheken, ist im allgemeinen nicht richtig. Dr. Breitfeld schätzt in seiner Schrift „Der deutsche Drogenhandel" die Gewinnzuschläge der Drogenkleinhandlungen auf durchschnittlich 25—30% vom Verkaufspreis, fügt aber hinzu, daß man nach Warengruppen unterscheiden müsse und daß die Gewinnzuschläge bei Drogen und pharmazeutischen Chemikalien „hoch" seien. Man wird danach den Gewinnzuschlag für Arzneimittel in Drogengeschäften auf 40% des Verkaufspreises oder zwei Drittel des Einkaufspreises annehmen können. Höher sind die Aufschläge in Apotheken auch nicht, wenigstens nicht bei den für Drogerien allein in Frage kommenden Spezialitäten und sonstigen Handverkaufsartikeln. In der Fachpresse der Apotheker wird sogar gelegentlich an der Hand bestimmter Fälle darauf hingewiesen, daß die Drogerien oft höhere Preise fordern als die Apotheken.

Unter gleichen und ähnlichen Gesichtspunkten ist auch die Frage zu beurteilen, inwieweit den Ärzten und Tierärzten das Recht der Anfertigung und Abgabe von Arzneien (Dispensierrecht) zugestanden werden soll. In Deutschland ist das Dispensierrecht der Ärzte im allgemeinen dergestalt geregelt, daß es nur dort ausgeübt werden darf, wo wegen weiter Entfernung zur nächsten Apotheke oder aus anderen Gründen ein besonderes Bedürfnis besteht; die Einrichtung ärztlicher Hausapotheken bedarf einer besonderen Erlaubnis, die nur nach Maßgabe des Bedürfnisses erteilt wird. Im übrigen wird in Deutschland in der Gesetzgebung und in der Verwaltungspraxis streng der Grundsatz durchgeführt, daß die Verschreibung und Verabfolgung von Arzneien voneinander getrennt sein sollen. Die Gründe liegen nahe: Die Abgabe der Arzneien durch den Arzt schließt die Versuchung in sich, bei ihrer Verschreibung auf den von ihnen zu erwartenden Nutzen Rücksicht zu nehmen, ganz abgesehen davon, daß bei der üblichen Pauschalliquidierung der Preis der Medikamente nicht ersichtlich und nicht kontrollierbar ist.

Man wird dem deutschen System vor dem in England bestehenden allgemeinen Recht der Ärzte zur Arzneianfertigung den Vorzug geben müssen, wobei allerdings zu beachten ist, daß in England der Mangel eines gesetzlichen Befähigungsnachweises für den Apotheker durch das Arzneiabgaberecht des Arztes gemildert und in gewissem Grade ersetzt werden dürfte.

Von den Tierärzten wird in Deutschland in weiterem Umfange von dem Dispensierrecht Gebrauch gemacht. Dadurch entsteht vielfach eine empfindliche Schädigung der Apotheker, besonders der Landapotheker, die sich dann dadurch zu entschädigen suchen, daß sie Tierarzneimittel bei der Landbevölkerung anpreisen und insofern eine gewisse Kurpfuscherei betreiben. Darin liegt eine Quelle ständiger Reibereien zwischen Apothekern und Tierärzten, und es wird eine Aufgabe der Gesetzgebung sein, das beiderseitige Arbeitsfeld abzugrenzen.

III.

Wenn wir vom Limitierungsprinzip ausgehen, so gelangen wir zu einer Betrachtung seiner verschiedenen Anwendungsformen. In Deutschland bestehen jetzt nebeneinander drei Formen:

1. die verkäufliche Apotheke, die mit dem durch die Konzession verliehenen Betriebsrechte unbeschränktes Eigentum des Besitzers ist,

2. die unverkäufliche Personalkonzessions-Apotheke, bei der nur die Sachwerte Eigentum des Besitzers sind, während das Betriebsrecht durch den Tod des Konzessionars oder durch Aufgabe des Betriebes an den Staat zur Weiterverleihung zurückfällt,

Spezieller Teil.

3. die einschließlich der Sachwerte in öffentlichem Eigentum stehende Apotheke, die an einen Apotheker zur Ausübung des Betriebsrechts verpachtet wird (Gemeindeapotheken in Hessen und Baden).

Alle drei Formen ruhen auf privatwirtschaftlicher Grundlage; jede von ihnen hat ihre besonderen Vorzüge.

Unter den Apothekenbesitzern erfreut sich erklärlicherweise die Form der verkäuflichen Apotheke der größten Beliebtheit. Sie hat den Vorzug, daß sie dem Besitzer die Möglichkeit bietet, sich in vorgerücktem Alter durch Verpachtung oder Verkauf eine Rente zu verschaffen oder aber seinen Erben einen ansehnlichen Sachwert zu hinterlassen, der von der Witwe oder minderjährigen Kindern auf dem Wege der Verwaltung durch einen approbierten Apotheker auch als Erwerbsquelle ausgenutzt werden kann.

Die Personalkonzession verhindert dagegen die Entstehung von Konzessionswerten, die den Apothekenbetrieb durch den künftigen Inhaber und die Arzneiversorgung überhaupt belasten; ihre Einführung beruht ja gerade auf der Erwägung, daß den hohen Apothekenkaufpreisen, wenigstens für die neu zu gründenden Apotheken, vorgebeugt werden müsse. Für die Konzessionsanwärter bietet diese Form den Vorteil, daß sie ihnen die Übernahme eines Apothekenbetriebes ohne übermäßigen Kapitalaufwand ermöglicht; sie brauchen nur bei Neugründungen die Einrichtung zu beschaffen oder bei Übernahme einer bereits bestehenden Apotheke die vorhandenen Sachwerte zum Taxpreise zu übernehmen. Bei den heutigen Preisen der Sachwerte hat dieser Vorteil allerdings an Bedeutung verloren. Für den Apothekenbesitzer hat die Form der Personalkonzession den Nachteil, daß er nur die Sachwerte besitzt und seinen Erben nicht die Apotheke als Erwerbsquelle hinterlassen kann.

Die angestellten Apotheker hatten sich von der Einführung der Personalkonzession eine verstärkte Möglichkeit der Erlangung wirtschaftlicher Selbständigkeit versprochen. Diese Hoffnung war aber nur insoweit begründet, als durch die Personalkonzession auch geringer bemittelten Apothekern die Möglichkeit geboten war, in den Besitz einer Apotheke zu gelangen. Eine allgemeine Erweiterung der Möglichkeiten des Selbständigwerdens konnte die Personalkonzession nicht bieten. Eine solche Erweiterung der Selbständigkeitsaussichten war nur durch Vermehrung der Zahl der Apotheken oder durch Verkürzung der Besitzzeit der Apothekeninhaber möglich, und gerade in letzterer Beziehung hat die Personalkonzession eher den gegenteiligen Effekt hervorgerufen. Das System der Personalkonzession hat deshalb an Anhängern verloren, seitdem seine Schattenseiten durch die Erfahrungen der Praxis mehr hervorgetreten sind.

Dasselbe gilt in noch höherem Grade für die im öffentlichen Eigentum stehenden, aber zur privatwirtschaftlichen Ausnutzung verpachteten Apotheken. Diesem System wird noch der Vorwurf gemacht, daß der Betriebsinhaber als Pächter wenig Interesse daran habe, das Inventar sorglich zu behandeln und zweckmäßige Neuanschaffungen zu machen. Man wird diesem Argument allerdings nicht viel Gewicht beimessen können, da durch die Ausgestaltung des Pachtvertrages sehr wohl ein persönliches Interesse des Pächters an der Erhaltung und Erweiterung des Inventars geschaffen werden kann.

Den beiden letzterwähnten Betriebsformen — der Personalkonzession und der Pachtapotheke — ist noch der Nachteil gemeinsam, daß es an einer angemessenen Fürsorge für die Zeit späterer Arbeitsunfähigkeit des Betriebsinhabers und für die Hinterbliebenen fehlt. Dieser Nachteil könnte nur durch Schaffung einer Alters-, Invaliditäts- und Hinterbliebenenversorgungskasse ausgeglichen werden.

Zu den erwähnten, nebeneinander bereits bestehenden Anwendungsformen des Limitierungsprinzips tritt schließlich noch eine vierte hinzu, die einstweilen noch einen Plan darstellt und noch nicht praktisch verwirklicht worden ist: die beschränkte Niederlassungsfreiheit.

Der Vorschlag, dieses System einzuführen, ist im Sommer 1922 von dem Apothekenbesitzer Dr. Theodor Koenig in München gemacht worden und hat in Apothekerkreisen großen Anklang gefunden. Es handelt sich bei der beschränkten Niederlassungsfreiheit darum, die Neuerrichtung von Apotheken einerseits zwar von dem Ermessen der jeweiligen zuständigen Verwaltungsbehörde unabhängig zu machen, andererseits aber durch gesetzliche Vorschriften an gewisse Beschränkungen zu knüpfen.

Das Wort „beschränkte Niederlassungsfreiheit" besagt natürlich an sich noch sehr wenig. Man kann das System erst beurteilen, wenn man weiß, wieweit die Beschränkungen der Niederlassungsfreiheit gehen sollen; es kommt darauf an, in welchem Maße das System die Möglichkeit einer Vermehrung der Apothekenzahl eröffnet.

In dieser Beziehung hat nun Dr. Koenig sehr präzise Vorschläge gemacht (Pharmazeutische Zeitung 1922 Nr. 55/56). Dr. Koenig sieht eine subjektive und eine objektive Beschränkung der Niederlassungsfreiheit vor. Die subjektive Beschränkung besteht darin, daß jeder Apotheker erst ein gewisses Dienstalter erreicht haben muß, ehe er eine neue Apotheke gründen darf; für den Anfang soll eine ununterbrochene Dienstzeit in Apotheken von mindestens 15 Jahren

Spezieller Teil. 61

notwendig sein, die im Laufe von 30 Jahren in Perioden von je 3 Jahren um je 1 Jahr bis auf 5 Jahre herabgesetzt werden soll. Die objektiven Beschränkungen beziehen sich auf die Lage der neuen Apotheke; nicht überall an jedem beliebigen Orte, und in größeren Orten auch nicht an jeder beliebigen Stelle des Ortes, soll eine neue Apotheke errichtet werden können. Dabei unterscheidet Dr. Koenig drei Gruppen von Orten:

1. kleine Orte ohne Apotheke, wo eine Apotheke errichtet werden darf, wenn die Einwohnerzahl mindestens 3000 beträgt,

2. Orte mit nur einer Apotheke, wo die Neugründung an die Voraussetzung einer „für das Arzneibedürfnis in Betracht kommenden" Seelenzahl von mindestens 15000 geknüpft ist,

3. größere Orte mit mehreren Apotheken, wo jede neue Apotheke mindestens 600 m von jeder bestehenden Apotheke entfernt sein muß.

Die Verwirklichung dieser Vorschläge würde die rechtliche Möglichkeit zahlreicher Neugründungen eröffnen. Es gibt viele kleine Orte von mindestens 3000 Einwohnern, wo noch keine Apotheke besteht. Größere Orte mit mindestens 15000 Einwohnern und nur einer Apotheke hatten wir im Jahre 1919 nach einer im Pharmazeutischen Kalender 1921 veröffentlichten Statistik im Deutschen Reich 35. Aber auch in mittleren Städten mit mehreren Apotheken und in Großstädten ist die Bannmeile von 600 m kein Hindernis für Neugründungen; viele Städte sind weitläufig gebaut und die Apotheken verteilen sich auch nicht immer gleichmäßig über das ganze Stadtgebiet.

Wenn es also nur auf die rechtliche Möglichkeit von Neugründungen ankäme, so wäre von dem System Dr. Koenig eine reichliche Vermehrung der Apothekenzahl zu erwarten. Mehr als die rechtlichen Beschränkungen würden jetzt wohl aber die wirtschaftlichen Schwierigkeiten in die Wagschale fallen. Nicht in jedem Orte von 4000 oder 5000 Einwohnern bietet eine Apotheke Aussicht auf Rentabilität, und nicht jeder Ort von 16000 oder 18000 Einwohnern kann als ausreichende Existenzgrundlage für zwei Apotheken dienen. Nur in Großstädten, wo der Arzneikonsum — auf den Kopf der Bevölkerung berechnet — größer sein dürfte als in ländlichen Bezirken, mag eine Neugründung an geeigneten Stellen gute Aussichten haben.

Zu der Zweifelhaftigkeit der Rentabilitätsaussichten treten aber noch die hohen und ständig steigenden Kosten einer Neugründung, die ein großer Teil der Angestellten nicht aufbringen kann. Wer schon vor dem Kriege aus pekuniären Gründen keine Apotheke errichten oder kaufen konnte, wird heute in der Regel erst recht nicht in der Lage sein, sich selbständig zu machen. Es wird manchen Angestellten geben, dessen Vermögen vor dem Kriege zum Erwerb einer kleinen Apotheke ausgereicht hätte, der aber heute vor den Kosten einer Neugründung zurückschrecken muß, weil seine Mittel durch die Geldentwertung zusammengeschrumpft sind.

Wie ist nun unter diesen Umständen das System der beschränkten Niederlassungsfreiheit im allgemeinen und der spezielle Vorschlag des Herrn Dr. Koenig zu beurteilen? Die Richtlinien, die Dr. Koenig aufgestellt hat, sind natürlich in ihren Einzelheiten noch nicht das letzte Wort. Man kann weitergehende Beschränkungen einführen, man kann aber auch Neugründungen in größerem Umfange ermöglichen. Es wird nicht leicht sein, in dieser Beziehung die richtige Grenze zu finden und durch allgemein geltende gesetzliche Normativbestimmungen den verschiedenartigsten örtlichen Verhältnissen gerecht zu werden. Wenn die Beschränkungen sehr weit gehen, so können im Einzelfall Unzuträglichkeiten entstehen; sind aber die Beschränkungen geringfügig, so nähert sich das System gar zu sehr der unbeschränkten Niederlassungsfreiheit, und die Vorteile des Limitierungsprinzips gehen verloren.

In der Gleichförmigkeit der gesetzlichen Vorschriften, in der Schwierigkeit oder Unmöglichkeit der Anpassung an besondere örtliche Verhältnisse liegt demnach eine Schwäche des Systems. Das jetzige Konzessionssystem hat dagegen den Vorzug, daß bei Prüfung der Frage, ob eine Neugründung notwendig ist, Besonderheiten aller Art in Betracht gezogen werden können.

Die wirtschaftlichen Schwierigkeiten, die heute den Neugründungen entgegenstehen, können allerdings zu der Meinung führen, daß weitgehende Beschränkungen der Niederlassungsfreiheit nicht erforderlich seien. Indessen müssen bei einer tiefgreifenden Umgestaltung der rechtlichen Grundlagen des Apothekenwesens auch die Möglichkeiten der ferneren Zukunft in Betracht gezogen werden. Ist die beschränkte Niederlassungsfreiheit erst eingeführt und ergeben sich später Mißstände, so wird es kaum möglich sein, etwa wieder zu dem jetzigen Zustande zurückzukehren. Es ist zu beachten, daß sich das System der beschränkten Niederlassungsfreiheit von der Verkäuflichkeit der Apotheken kaum trennen läßt. Seine Einführung wäre also mit der Abschaffung der Personalkonzession verknüpft.

Die Einführung der beschränkten Niederlassungsfreiheit wäre also ein Sprung ins Dunkle, der noch sehr ernsthaft überlegt werden müßte, ehe er gewagt werden könnte. Da die Hauptursache der Apothekenreformbestrebungen, das Bestehen hoher Konzessionswerte, heute keine erhebliche Rolle spielt, so halte ich überhaupt eine Änderung des jetzigen Zustandes in bezug auf die Betriebssysteme nicht für eine dringliche Aufgabe.

Spezieller Teil.

IV.

Eine kurze Betrachtung ist schließlich noch den verschiedenartigen Verstaatlichungs-, Kommunalisierungs- und Sozialisierungsplänen zu widmen, deren Gegenstand das Apothekengewerbe bildet.

Die Apotheken sind schon vor Jahrzehnten ein beliebtes Objekt derartiger Pläne gewesen, vielfach wohl aus der Erwägung heraus, daß sie eine besonders ergiebige Einnahmequelle seien. Bald nach der Novemberrevolution ist dann eine Hochflut von Sozialisierungsplänen aufgetaucht, die sich inzwischen allerdings zum größten Teil wieder verflüchtigt haben. Immerhin schwebt die Sozialisierungsidee noch in der Luft; besonders die Krankenkassen halten daran fest, und die sozialdemokratische Partei hat die Forderung der Sozialisierung des Apothekenwesens ausdrücklich in das Programm aufgenommen.

Soweit die verschiedenen Pläne lediglich darauf hinauslaufen, die Apotheken in öffentliches Eigentum überzuführen und zur privatwirtschaftlichen Ausnutzung zu verpachten, brauchen sie nicht besonders behandelt zu werden, da ihre Verwirklichung an der privatwirtschaftlichen Betriebsweise nichts ändern würde.

Anders verhält es sich dagegen mit den Projekten, welche eine öffentlich-rechtliche Bewirtschaftung der Apotheken zum Ziel haben, sei es eine Bewirtschaftung durch Reich, Staat oder Gemeinden, durch Krankenkassen oder andere bereits bestehende Körperschaften oder schließlich durch besonders zu diesem Zweck gebildete Wirtschaftskörper. Es bestehen in dieser Beziehung die verschiedenartigsten Gestaltungsmöglichkeiten, die aber das Gemeinschaftliche haben, daß der Leiter des Betriebes für fremde Rechnung arbeitet und sonach an der Gestaltung des Betriebes und der Betriebsführung nicht das starke wirtschaftliche Interesse des auf eigene Rechnung und eigenes Risiko tätigen Privatbesitzers hat.

Der Wegfall oder wenigstens die Einschränkung des persönlichen Interesses des Betriebsleiters gibt dem sozialisierten Betriebe sein charakteristisches Gepräge. Es sind damit gewisse Nachteile verknüpft, die im Apothekenwesen keineswegs leicht ins Gewicht fallen.

Zunächst ist zu berücksichtigen, daß der gemeinwirtschaftliche Betrieb eine viel genauere Buchführung und Kontrolle haben muß als der unter der persönlichen Leitung und Aufsicht des interessierten Besitzers stehende Privatbetrieb. Diese genau sorgfältige Buchführung ist notwendig zur ständigen Überwachung der Angestellten und zur Verhütung von Unregelmäßigkeiten sowie besonders zur Ermöglichung der bei sozialisierten Betrieben erforderlichen, bis ins einzelne gehenden Rechnungslegung. Die Apotheke mit ihrer Unmenge von Warengattungen, die zum Teil auch dem Verderben ausgesetzt sind, ist kein Betrieb, der leicht beaufsichtigt werden kann. Der Fortfall der Aufsicht durch den persönlich interessierten Besitzer muß deshalb wohl oder übel durch eine Vermehrung des Schreibwerks ausgeglichen werden. Dazu kommen noch die notwendigen Abrechnungen mit einer Kontrollstelle. Das Resultat der Sozialisierung wäre also notwendigerweise eine Zunahme der unproduktiven, den Betrieb belastenden Verwaltungsarbeit.

Auch im privaten Großbetrieb findet sich als unvermeidlicher Nachteil der Betriebsgröße eine ausgedehnte Verwaltungsorganisation für Buchhaltung, Aufsicht, Kontrolle, Statistik usw. Diese Organisation fällt aber in einem bedeutenden Unternehmen mit großen Umsätzen prozentual immerhin weniger ins Gewicht und wird vor allen Dingen durch die gewaltigen technischen und organisatorischen Vorzüge des Großbetriebes in den Schatten gestellt. Diesen großen Vorzügen gegenüber kommt die Belastung durch vermehrte Verwaltungsarbeit weniger in Betracht. In dem kleinen Apothekenbetriebe dagegen fehlt es an jedem Ausgleich für die Last, die der komplizierte Verwaltungsapparat dem Unternehmen aufbürdet. Die sozialisierte Apotheke hätte in dieser Beziehung die Nachteile des Großbetriebes, ohne sich seine Vorteile nutzbar machen zu können.

Es würde auch kaum zu verhüten sein, daß in den Apotheken eine schädliche Schematisierung der Geschäftsführung Platz griffe. Der persönlich interessierte Besitzer wird darauf bedacht sein, sich den Besonderheiten seines Betriebes und den besonderen Wünschen seines Kundenkreises anzupassen. Der angestellte Geschäftsführer muß dagegen in erster Linie die Vorschriften im Auge behalten, die ihm von einer Zentralstelle aus gegeben werden. Die Schablonenarbeit eines in seiner Bewegungsfreiheit eingeengten Beamten kann aber unmöglich dieselben günstigen Ergebnisse zeitigen wie die durch das persönliche Interesse befruchtete, nicht von oben her reglementierte Tätigkeit des selbständigen Besitzers.

Auch die Gefahr ist nicht von der Hand zu weisen, daß die Arbeitsleistung des Personals im sozialisierten Betriebe quantitativ und qualitativ nachlassen würde.

Im allgemeinen ist mit großer Wahrscheinlichkeit anzunehmen, daß der sozialisierte Apothekenbetrieb mehr Personal beschäftigen müßte, mehr Unkosten hätte und infolgedessen weniger wirtschaftlich wäre als der Privatbetrieb, ganz abgesehen von den Unkosten der notwendigen Abrechnungs- und Kontrollinstanzen.

Der Reingewinn der jetzigen Besitzer käme durch die Sozialisierung natürlich in Fortfall. An seine Stelle würde aber — abgesehen von der notwendigen Kapitalverzinsung — das Gehalt für eine der Arbeitsleistung des Besitzers entsprechende Arbeitskraft treten. Ob dadurch eine Ersparnis erzielt werden würde, ist mindestens sehr zweifelhaft. Es käme darauf an, ob der durchschnittliche Reingewinn — d. h. der wirkliche Reingewinn ohne die Verzinsung des im Betriebe steckenden Kapitals — höher ist als der Betrag, der als angemessenes Gehalt für einen Betriebsleiter gezahlt werden müßte. Bei dem geringen Durchschnittsumsatz der Apotheken wird man den Reingewinn, wie ich bereits an anderer Stelle auseinandergesetzt habe, nicht sehr hoch veranschlagen dürfen, und es besteht kein Grund zu der Annahme, daß ein angesteller Betriebsleiter im Durchschnitt billiger zu haben wäre. Im allgemeinen kann nach den Beobachtungen der Praxis angenommen werden, daß in großstädtischen Apotheken mit großem Umsatz wohl eine Ersparnis erzielt werden könnte, daß aber in den kleinen Landapotheken — und diese sind in der Mehrzahl — das Umgekehrte der Fall wäre.

Dabei kommt auch noch in Betracht, daß der Fortfall des persönlichen Interesses an der Rentabilität des Betriebes mancherlei Nachteile in bezug auf die Beaufsichtigung des Personals, die Behandlung der Waren und Gerätschaften und in anderer Beziehung nach sich ziehen würde. Eine Gewinnbeteiligung des Betriebsleiters dürfte, um wirkungsvoll zu sein, nicht zu niedrig bemessen werden und würde dann wiederum einen nicht unbeträchtlichen Teil der Ersparnisse absorbieren, die der sozialisierte Betrieb etwa in gutgehenden Apotheken erzielen könnte.

Als Endresultat meiner Betrachtungen ist festzustellen, daß die optimistischen Erwartungen, die von mancher Seite an die Sozialisierung der Apotheken geknüpft werden, sich bei näherer Betrachtung der Verhältnisse nicht als begründet erweisen. Es spricht im Gegenteil eine hohe Wahrscheinlichkeit dafür, daß der sozialisierte Betrieb erheblich teurer wirtschaften würde als der Privatbetrieb.

Es muß übrigens darauf aufmerksam gemacht werden, daß die Forderung der Sozialisierung des Apothekenwesens auch durch die sozialistische Theorie keineswegs gerechtfertigt wird. Der moderne Sozialismus stützt sich nach den Lehren von Marx auf gewisse — mehr oder weniger richtig beobachtete — Entwicklungslinien der kapitalistischen Gesellschaft — das Fortschreiten des Großbetriebes auf Kosten des Kleinbetriebes, Trennung des Arbeiters von seinen Produktionsmitteln, Anwachsen des Proletariats, Konzentration der Betriebe und des Kapitals — und leitet daraus die Notwendigkeit der sozialistischen Wirtschaftsordnung ab. Inwieweit Marx die Entwicklungstendenz des Wirtschaftslebens richtig erkannt hat, kann dahingestellt bleiben. Jedenfalls steht fest, daß im Apothekenwesen von einer Entwicklung zum Großbetrieb und zur Kapitalkonzentration nichts zu merken ist.

Die sozialistischen Parteien setzen sich deshalb mit ihren eigenen Theorien in Widerspruch, wenn sie mit besonderem Nachdruck die Sozialisierung der Apotheken fordern. Gerade vom Standpunkt der sozialistischen Theorie aus muß man vielmehr zu der Erkenntnis kommen, daß die Apotheke nicht als sozialisierungsreife Betriebe betrachtet werden können.

An diesem Ergebnis ist nichts geändert, wenn man — wie es häufig propagiert wird — die Sozialisierung des gesamten Heilwesens sowie der Erzeugung und des Vertriebes von Arzneimitteln (also auch der Industrie und des Großhandels) ins Auge faßt.

V.

In einem gewissen Zusammenhange mit der Sozialisierungsidee steht die von den Krankenkassen erhobene Forderung auf Zulassung eigener Krankenkassenapotheken.

Nach der bestehenden Gesetzgebung kann die Konzession zum Betriebe einer Apotheke nur einem Apotheker persönlich erteilt werden, nicht aber auch juristischen Personen, die den Betrieb durch einen Apotheker führen lassen wollen. Auch bei den verpachteten Gemeindeapotheken in Hessen und Baden steht die Betriebserlaubnis dem Apotheker (Pächter) selbst zu. Die Krankenkassen erstreben nun eine gesetzliche Änderung dieses Zustandes, um die Möglichkeit zur Errichtung eigener Apotheken zu erlangen.

Die Beurteilung dieser Bestrebungen hängt in erster Linie davon ab, wie die Krankenkassen sich ihre Verwirklichung denken. Wenn die Kassenapotheke eine Apotheke wie jede andere sein soll, die keinerlei Vorzugsstellung genießt, so kommen nur zwei Fragen in Betracht:

1. Soll die Kassenapotheke verpachtet oder von den Kassen in eigener Regie geführt werden? In letzterem Falle unterliegt ihre Wirtschaftlichkeit denselben begründeten Zweifeln wie die öffentlichrechtliche Bewirtschaftung der Apotheken überhaupt.

2. Läßt es sich mit der notwendigen Sicherstellung der finanziellen Leistungsfähigkeit der Krankenkassen vereinbaren, daß den Kassen gestattet wird, ihre Gelder in geschäftlichen Unternehmungen anzulegen? Es ist daran zu erinnern, daß auch die privaten Versicherungsgesellschaften in der Anlegung ihrer Gelder weitgehenden gesetzlichen Beschränkungen unterworfen sind, und zwar aus sehr erklärlichen berechtigten Gründen.

Schon diese beiden Fragen lassen die Errichtung von Krankenkassenapotheken als ein nicht unbedenkliches Projekt erscheinen. Für die Krankenkassen wird es aber außerdem nicht lediglich darauf ankommen, Apotheken zu gründen, die den anderen Apotheken mit

Spezieller Teil.

gleichen Rechten und gleichen Pflichten als Konkurrenten gegenüberstehen, sondern ihr Bestreben dürfte darauf gerichtet sein, eine besondere Art von Apotheken zu schaffen, „Kassenapotheken" mit besonderen Monopolrechten und geringeren Pflichten. Wenn die Krankenkassen erst eigene Apotheken besitzen, so werden sie darauf hinwirken, daß die Kassenpatienten ihren Arzneibedarf nur noch in den eigenen Apotheken decken; die Kassenmitglieder werden durch direkten gesetzlichen Zwang oder durch „sanften Druck" veranlaßt werden, die Arzneien nur in der Kassenapotheke in Empfang zu nehmen. Der innere Betrieb der Kassenapotheken wird sich den ziemlich beschränkten Bedürfnissen der ärztlichen Kassenpraxis anpassen. Heute schon wird von den Krankenkassen ein starker Druck auf die Kassenärzte ausgeübt, um sie zu veranlassen, nach Möglichkeit nur bestimmte billige Arzneimittel zu verschreiben; die Arzneimittel, die von den Kassenärzten regelmäßig verordnet zu werden pflegen, bilden in der Tat nur einen geringen Bruchteil des gesamten Arzneischatzes. Dementsprechend würden die Kassenapotheken im wesentlichen auch nur die Arzneimittel führen, die in der Kassenpraxis gebräuchlich sind.

Es ist klar, daß die Kassenapotheken auf diese Weise wohl zu rentablen Geschäftsbetrieben gestaltet werden könnten, besonders in den großen Städten, die für solche Experimente in erster Linie in Betracht kämen. Die Kassenapotheken hätten einen das Durchschnittsmaß weit übersteigenden Umsatz und der innere Geschäftsbetrieb wäre infolge der Beschränkung auf verhältnismäßig wenige Warenartikel wesentlich einfacher als in gewöhnlichen Apotheken. Aber der günstige finanzielle Effekt könnte nur auf Kosten der Kassenpatienten und der Arzneiversorgung überhaupt erzielt werden. Die Kranken oder ihre Angehörigen hätten oft sehr weite Wege zu machen oder Fahrgeld zu verausgaben, wenn ihnen die Deckung ihres Arzneibedarfs aus den gewöhnlichen Apotheken verboten oder erschwert wird. Vor allen Dingen wäre aber die Rückwirkung auf die große Zahl der Privatapotheken geradezu katastrophal. Durch die Entziehung eines großen Teiles des Umsatzes müßte sich die wirtschaftliche Lage der Privatapotheken derart gestalten, daß nur durch eine bedeutende Preiserhöhung ein Ausgleich geschaffen werden könnte. Die unvermeidliche Folge wäre also eine erhebliche Belastung aller Arzneiverbraucher, die nicht Kassenpatienten sind. Eine weitere Rückwirkung auf die pharmazeutische Produktion und damit auch auf die Forschungsarbeit könnte schließlich nicht ausbleiben.

Wenn man das Verhältnis des Arzneiverbrauches zu der notwendigen Zahl der Apotheken in Betracht zieht und sich vor Augen hält, daß der Durchschnittsumsatz an Arzneimitteln in der einzelnen Apotheke nicht sehr erheblich sein kann, so wird man zu der Schlußfolgerung gelangen müssen, daß Sonderapotheken für einzelne Bevölkerungskreise unbedingt abzulehnen sind. Sonst würden schließlich die gewöhnlichen Apotheken als solche in ihrer großen Mehrzahl überhaupt nicht mehr existenzfähig sein; sie müßten sich notgedrungen mit dem Vertriebe aller möglichen Artikel befassen und sich aus zuverlässigen Spezialbetrieben für Arzneiabgabe und Arzneibereitung zu kleinen Warenhäusern entwickeln. Ein solcher Zustand könnte im Interesse der Gesundheitspflege kaum als erfreulich angesehen werden.

Was hier von den erstrebten besonderen Krankenkassenapotheken gesagt ist, gilt übrigens — wenn auch in wesentlich geringerem Grade — auch von der durch viele Krankenkassen bewirkten Selbstabgabe freigegebener Heilmittel, die bereits durch besondere Heilmittel-Vertriebsgesellschaften organisiert sind. Von den Krankenkassen wird vielfach darauf hingewiesen, daß sie durch die Selbstabgabe von Heilmitteln bedeutende Ersparnisse erzielen; daß aber diese Ersparnisse meist auf Kosten der Patienten und der Wirtschaftlichkeit der Apotheken und damit letzten Endes auf Kosten der Volksgesundheit gemacht werden, wird gewöhnlich übersehen. Im Grunde genommen sind die Ersparnisse sehr fragwürdiger Natur.

Dabei laufen den Veröffentlichungen der Krankenkassen auch viel Übertreibungen und irreführende Darstellungen unter. Im März 1923 z. B. sind in einer Verhandlung des Preußischen Landtags von dem Abgeordneten Dr. Wehl auf Grund des ihm von Krankenkassen zur Verfügung gestellten Materials Angaben gemacht worden, die keineswegs einwandfrei sind. Dr. Wehl hatte für einige Verbandmittel und für Lebertran die Selbstkostenpreise der Ortskrankenkasse in Iserlohn den Verkaufspreisen der Apotheken gegenübergestellt. Die Preisunterschiede waren in der Tat sehr erheblich, aber es war dabei folgendes unberücksichtigt geblieben:

1. Viele Krankenkassen — vermutlich auch die Iserlohner Kasse — haben Heilmittel erworben, die aus alten Heeresbeständen stammen und von den Abwicklungsstellen schon vor langer Zeit unter dem Selbstkostenpreis veräußert worden sind. Insofern liegt ein besonderer vorübergehender Ausnahmezustand vor, der für die Beurteilung der Zweckmäßigkeit der Selbstabgabe von Heilmitteln durch die Krankenkassen nicht von Bedeutung ist. Ob die Beschaffenheit der alten Ware nicht inzwischen gelitten hat, ist fraglich.

2. Ein vor langer Zeit getätigter Einkauf ergibt natürlich, wenn man die inzwischen eingetretene Geldentwertung außer Betracht läßt, einen geringen Preis. Die Ortskrankenkasse Iserlohn hatte

offenbar durch den Einkauf einiger Stapelartikel Valutagewinne gemacht, die in Wirklichkeit nur Scheingewinne sind. Möglich sind solche Valutagewinne im Arzneimittelkleinhandel übrigens in nur sehr beschränktem Maße, teils wegen der Natur der Ware, die eine Deckung des Bedarfs auf lange Zeit hinaus vielfach ausschließt, teils wegen des großen Betriebskapitals, welches selbst bei einer Beschränkung auf die gangbarsten Artikel für größere Valutaspekulationseinkäufe erforderlich wäre. Ein für Jahre ausreichender großer Einkauf einiger gangbarer Stapelartikel kann natürlich sehr erhebliche Valutagewinne ergeben, erfordert aber ein Kapital, welches schließlich für den gleichen Zweck auch durch Ankauf anderer Sachwerte nutzbar gemacht werden kann. In bezug auf die Preiswürdigkeit der Apothekerwaren und der von den Krankenkassen selbst abgegebenen Heilmittel können daraus keine Schlußfolgerungen gezogen werden.

3. Wenn den Apothekern die gangbarsten, für größere Einkäufe geeigneten Artikel entzogen werden, so muß ihre Wirtschaftlichkeit beeinträchtigt und eine ungünstige Einwirkung auf die Preise anderer Heilmittel ausgeübt werden.

Allerdings können durch eine Zentralisierung des Einkaufs erhebliche Vorteile erzielt werden, aber nur unter der Voraussetzung, daß sie nicht mit der Absicht verknüpft ist, einen Teil des Arzneimittelkleinhandels den Apotheken zu entziehen. Die Tätigkeit der von den Krankenkassen gegründeten Heilmittelvertriebsgesellschaft, der direkte Einkauf von Heilmitteln durch die Krankenkassen und die direkte Abgabe der eingekauften Mittel an die Kassenmitglieder erfüllen diese Voraussetzung nicht. Welche Wirkungen von einer Zentralisierung des Einkaufs im allgemeinen erwartet werden können, und welche Möglichkeiten in dieser Beziehung bestehen, soll noch im nächsten Kapitel erörtert werden.

VI.

Eine Zentraleinkaufsstelle, die bedeutende Erfolge aufzuweisen hat, besitzen die Apotheker in der Hageda. Indessen ist zu berücksichtigen, daß die neuere Entwicklung des Unternehmens unter dem Zwange des ständig wachsenden Kapitalbedarfs durch die bereits im ersten Abschnitt des allgemeinen Teils erwähnte Umwandlung in eine Aktiengesellschaft zu einer Verbindung mit Kreisen geführt hat, die außerhalb des Apothekerberufs stehen; eine Berliner Großbank scheint maßgebenden Einfluß zu besitzen. Dadurch hat sich der Einfluß der Apotheker verringert, und es scheint, daß noch ein weiterer Rückgang zu erwarten ist. Man wird abwarten müssen, ob die Hageda den Händen der Apotheker nicht überhaupt entgleitet und sich zu einem Unternehmen entwickelt, das den Apothekern nur noch als Lieferant gegenübersteht.

Es ist erklärlich, daß in Apothekerkreisen nach neuen Wegen gesucht wird, um durch Regelung des Einkaufs die gemeinschaftlichen Interessen wahrzunehmen. Ernsthafte Beachtung verdienen in dieser Beziehung die bereits erwähnten Bestrebungen des Dessauer Apothekervereins und anderer gleichartiger Apothekervereine, die sich übrigens im April 1923 zu einem „Mitteldeutschen Pharmaziekonzern" zusammengeschlossen haben. Diese Vereine beschränken sich darauf, für ihre Mitglieder Lieferungsverträge mit Fabrikanten und Großhändlern abzuschließen, während alles übrige nach wie vor dem direkten Verkehr zwischen Verkäufern und Käufern überlassen bleibt. Es ist nicht zu verkennen, daß dieses Verfahren vor dem eigenen Einkauf durch eine Zentralstelle den Vorzug der Einfachheit hat, daß es aber auch sehr wohl geeignet sein kann, wesentliche Vorteile zu erzielen, wenn auch wohl in etwas geringerem Maße.

Wenn es gelingt, den zentralen Abschluß von Lieferungsverträgen in größerem Umfange einzuführen, so ist davon ein erheblicher Einfluß sowohl auf die wirtschaftliche Lage der Apotheker wie auch auf die Verhältnisse in der pharmazeutischen Industrie und im Großhandel zu erwarten. Der Fabrikant oder Großhändler, der zu den Apothekervereinen in vertragliche Beziehungen tritt, erhält dadurch eine gewisse Gewähr für einen bestimmten Absatz. Seine Absatzspesen verringern sich, und durch die Vergrößerung des Absatzes treten auch die allgemeinen Geschäftsunkosten in ein günstigeres Verhältnis zu der Gesamtsumme des Umsatzes. Der Fabrikant kann bei genügendem Absatz seinen Betrieb voll beschäftigen, die Betriebsanlagen besser auszunutzen und dadurch die Erzeugungskosten verringern. Alle diese Vorteile müssen sich für die Apotheker in günstigere Bezugsbedingungen umsetzen.

Allmählich muß sich dadurch auch ein günstiger Einfluß auf die rationelle Gestaltung der Produktion und des Großhandels bemerkbar machen.

Die Dessauer Methode hat noch den Vorzug, daß sie den unvermeidlichen Einfluß auf Industrie und Großhandel in schonender Weise ausübt. Es wird dadurch auf die erheblichen Werte und die wirtschaftlichen Vorteile Rücksicht genommen, welche die bestehenden Großhandelsbetriebe durch ihre weitverzweigten Beziehungen zu den Rohstofflieferanten, besonders auch zu denen des Auslandes, und durch ihre auf langjährige Erfahrung beruhende, zweckentsprechende Betriebsorganisation in sich schließen. Sie vermeidet die

Spezieller Teil. 71

Überkapitalisation, welche die rücksichtslose Errichtung neuer großer Zentraleinkaufsstellen mit sich bringt.

Einen anderen Weg haben im Jahre 1922 die hessischen Apotheker eingeschlagen, die sich mit den Krankenkassen ihres Arbeitsbereichs zu einer „Arbeitsgemeinschaft hessischer Apotheker und Krankenkassen" (Ahak) vereinigt haben. Diese Arbeitsgemeinschaft bezweckt die Regelung der Beziehungen zwischen Krankenkassen und Apothekern (Vereinbarung von Arzneipreisen, Prüfung der Apothekerrechnungen und Abrechnung), aber auch den Einkauf von Heilmitteln. Die notwendigen Betriebsmittel werden von den Krankenkassen vorgeschossen. Wie einem Bericht der Geschäftsstelle der Pharmazeutischen Zeitung 1922 Nr. 59 zu entnehmen ist, befaßt sich die Einkaufsabteilung der Ahak einstweilen nur mit der Beschaffung von Verbandstoffen, Artikeln zur Krankenpflege u. dgl. und kann etwa 20% billiger liefern wie der Großhandel, dabei grundsätzlich frachtfrei einschließlich Verpackung, um die Landapotheker den Stadtapothekern gleichzustellen. In Aussicht genommen sind sind ferner Tabletten, Ampullen und eigene Krankenkassenpackungen, die unter dauernder Kontrolle der Ahak hergestellt werden sollen.

Inwieweit der in der Gründung der Arbeitsgemeinschaft liegende Versuch gelingen und zur Nachahmung anspornen wird, bleibt abzuwarten. Jedenfalls ist der Gedanke nicht von der Hand zu weisen, daß die großen Mittel der Krankenkassen und schließlich auch anderer Körperschaften der Arbeiterversicherung durch verständnisvolles Zusammenarbeiten zwischen Krankenkassen und Apothekern usw. in nutzbringender Weise zu einer besseren Regelung der Arzneiversorgung verwendet werden könnten.

Allerdings lehrt die Erfahrung, daß allen auf freiwilligem Zusammenschluß beruhenden Bestrebungen immer nur ein beschränkter Erfolg beschieden ist. Es dürfte deshalb zu erwägen sein, ob nicht durch eine Zwangssyndizierung der Apotheker unter Bereitstellung öffentlicher Mittel umfassendere Erfolge im Interesse einer guten, zuverlässigen und billigen Arzneiversorgung erzielt werden könnten. Dadurch könnten vielleicht auch die oft sehr gespannten Beziehungen zwischen Krankenkassen und Apothekern eine dauernde befriedigende Regelung erfahren.

VII.

Die industrielle Entwicklung und ihr Einfluß auf den Apothekenbetrieb hat schließlich noch verschiedene Fragen aufgeworfen, die in nachstehenden Ausführungen eine kurze Erörterung finden sollen.

1. Durch die Verödung der Apothekenlaboratorien hat selbstverständlich die Wirtschaftlichkeit der Apothekenbetriebe eine erhebliche Einbuße erlitten. Nach gesetzlichen Vorschriften müssen in allen Apotheken Laboratorien mit bestimmter, genau vorgeschriebener Einrichtung unterhalten werden, aber vielfach werden sie überhaupt nicht oder nur in unbedeutendem Maß oder zu einem anderen Zweck als zu ihrer eigentlichen Bestimmung benutzt. Dieser Zustand ist natürlich an sich nicht erfreulich; der Apothekenbetrieb wird dadurch mit der Miete für den Raum sowie mit der Verzinsung und Abnutzung der Einrichtung belastet, ohne daß eine entsprechende Ausnutzung erfolgt. Es wird deshalb öfter vorgeschlagen, die Apotheker zur Selbstherstellung von galenischen Präparaten zu verpflichten, diesen Zweig der Produktion also zwangsweise in die Apotheke zurückzuverlegen und dadurch die Laboratorien von neuem zu beleben. Entsprechende Bestimmungen, die erst in den Jahren 1912 und 1913 erlassen worden sind, bestehen bereits in den Apothekenbetriebsordnungen für Hamburg und Bayern. Dort ist vorgeschrieben, daß der Apotheker die galenischen Zubereitungen selbst herstellen muß und nur ausnahmsweise fertig beziehen darf; wenn er sie fertig bezieht, so darf er nur eine Apotheke desselben Landes als Bezugsquelle benutzen.

Es ist mindestens zweifelhaft, ob die Apotheker dadurch wirtschaftliche Vorteile erlangen, da die Selbsterzeugung für den eigenen Bedarf in der Regel durchaus unwirtschaftlich ist. In Großstädten wie in Hamburg dürfte es sich vielleicht ermöglichen lassen, den Betrieb dadurch zu rationalisieren, daß jede Apotheke sich auf einige Spezialpräparate beschränkt, die dann unter den Apotheken ausgetauscht werden. Im allgemeinen ist aber ein Zwang zur Selbstherstellung zu verwerfen. Er stellt einen wenig erfolgversprechenden und schädlichen Versuch dar, die Entwicklung gewaltsam zurückzuschrauben.

2. Richtiger wäre es, die genossenschaftlichen Bestrebungen zu unterstützen, die den Absatz der in einzelnen Laboratorien zum Absatz an andere Apotheken hergestellten Erzeugnisse erleichtern sollen. Wenn es gelänge, diesen Bestrebungen einen größeren Erfolg zu verschaffen, so wäre damit ein geeigneter Weg gefunden, eine bessere Ausnutzung der Apothekenlaboratorien im Interesse ihrer Wirtschaftlichkeit zu ermöglichen. Auch hierfür ist der Gedanke der Zwangssyndizierung und der Arbeitsgemeinschaft mit Krankenkassen in Erwägung zu ziehen.

3. Sofern aber die Laboratorien nicht ausgenutzt werden können, sollte man den Apothekern die Möglichkeit gewähren, ganz auf sie zu verzichten und den Betrieb mehr zu einem reinen Rezeptur- und

Handverkaufsgeschäft zu gestalten. Der Zwang, ein Laboratorium zu unterhalten, hat seinen geistigen Ursprung in früheren Produktionsverhältnissen und könnte der Entwicklung ruhig zum Opfer gebracht werden.

4. Wichtig ist auch die Frage der Arzneimitteluntersuchung, für die übrigens — wie zur Vermeidung von Mißverständnissen hervorgehoben werden soll — ein Laboratorium nicht erforderlich ist, sondern ein Arbeitstisch mit einigen Reagentiengestellen durchaus genügt.

Der Apotheker ist gesetzlich verpflichtet, alle Waren auf ihre Beschaffenheit zu untersuchen; er wird in allen Betriebsordnungen für die Güte seiner Waren verantwortlich gemacht.

Nun hat aber die Untersuchungsarbeit des Apothekers durch die Ausdehnung der industriellen Produktion nicht nur an Umfang zugenommen, sondern auch erhebliche technische Schwierigkeiten gezeitigt. Die heutige Gestaltung des Untersuchungswesens ist auch insofern unwirtschaftlich, als sie mit einer durchaus unrationellen Zersplitterung der Kräfte verknüpft ist. Die genauere Untersuchung der vielen Arzneimittel in rund 6000 Apotheken erfordert einen Arbeitsaufwand und einen Stoffverbrauch, der sehr erheblich ist.

Es muß nach einem Wege gesucht werden, diesen Aufwand durch zentrale Untersuchung herabzumindern. Die Hageda hat sich in dieser Beziehung in bezug auf die Waren, die durch ihre Hände gehen, bereits große Verdienste erworben. Aber da sie immerhin nur einen Teil — nicht den größten Teil — des gesamten Arzneimittelbezugs der deutschen Apotheken vermittelt, so genügen ihre Untersuchungslaboratorien allein nicht.

Wenn auch vielleicht nicht durchgängig, so doch in vielen industriellen Betrieben und für viele Arzneimittel wird es sich ermöglichen lassen, die Erzeugnisse am Ort der Produktion durch einen Vertrauensapotheker einer Untersuchung zu unterziehen. Soweit die Untersuchung im Betriebe selbst auf Schwierigkeiten stößt, oder nicht genügend zuverlässig erscheint, bliebe allerdings nur der Weg der Einrichtung zentraler Untersuchungslaboratorien übrig, durch deren Hand die Waren gehen müssen, ehe sie in die Apotheke gelangen. Als solche Zentraluntersuchungsstellen könnten vielfach größere Apothekenlaboratorien dienen.

Auch für die Durchführung dieses Gedankens liegt es nahe, die Apotheker zu einer Zwangsgenossenschaft zusammenzufassen.

Soweit die Arzneimitteluntersuchung zentral geregelt werden kann, verbleibt dem einzelnen Apothekenbetriebe nur die Identitätsprüfung, die sich in der Regel mit geringen Schwierigkeiten bewerkstelligen läßt. Dadurch wird der einzelne Betrieb erheblich entlastet.

VIII.

Eine besondere Beachtung verdienen schließlich die Apothekerpersonalfragen, die ebenfalls durch die industrielle Entwicklung auf die Tagesordnung gesetzt worden sind.

Nach den bestehenden Vorschriften darf der Apotheker — abgesehen von untergeordnetem Hilfspersonal, das lediglich mit mechanischen Arbeiten beschäftigt werden darf — in seinem Betrieb nur approbierte Apotheker oder Apothekergehilfen, die das sog. Vorexamen (die Gehilfenprüfung) bestanden haben und schließlich in gewisser Anzahl auch Lehrlinge (Praktikanten) beschäftigen. Lehrlinge dürfen aber zur Ausführung ärztlicher Verordnungen nur unter Aufsicht der Besitzer oder eines mindestens im Besitze des Gehilfenzeugnisses befindlichen, pharmazeutisch vorgebildeten Angestellten herangezogen werden.

Diese Bestimmungen waren und sind auch heute noch insofern gerechtfertigt, als die Tätigkeit in den Apotheken eine wissenschaftliche Schulung voraussetzt. Durch die Zunahme des Handverkaufs einfacher ungefährlicher Arzneimittel in fertigem Zustande und anderer indifferenter Waren hat sich aber die Möglichkeit ergeben, ohne jede Gefährdung des Publikums auch Personal geringerer Schulung mit Verkaufsarbeiten zu beschäftigen. Trotzdem erfordern es die gesetzlichen Vorschriften, daß auch für den einfachsten Handverkauf pharmazeutisches Personal verwendet werden muß.

Daraus ergibt sich in gewissem Maße eine Unstimmigkeit zwischen der Qualität des Personals und der zu leistenden Arbeit, welche die Wirtschaftlichkeit der Apothekenbetriebe beeinträchtigt und von den Apothekenbesitzern um so unangenehmer empfunden werden muß, als die gesetzlichen Vorschriften sich — wenigstens nach der Ansicht der maßgebenden Regierungsstellen — auch auf den Verkauf freigegebener Heilmittel erstrecken, die in Drogerien von beliebigen, keiner gesetzlichen Vorschrift unterworfenem Verkaufspersonal abgegeben werden können.

Während des Krieges trat infolge des Personalmangels eine Milderung der Vorschriften oder wenigstens der Verwaltungspraxis ein. Es bildete sich die Gewohnheit heraus, junge Mädchen, die in den Apotheken mit Buchführung, Ausschreiben von Rechnungen und ähnlichen Arbeiten beschäftigt wurden, auch zum Verkaufe heranzuziehen, soweit es angängig erschien. Dadurch bildete sich eine neue Kategorie von Apothekerpersonal, die sog. Helferinnen.

Die pharmazeutisch vorgebildeten Angestellten haben aus naheliegenden Gründen gegen dieses Personal zweiter Klasse angekämpft und in einer Reihe von Bundesstaaten den Erlaß scharfer

Spezieller Teil.

Verordnungen gegen die Beschäftigung von Helferinnen durchgesetzt.

Neuerdings scheint eine einheitliche Regelung der Helferinnenfrage für das ganze Reichsgebiet beabsichtigt zu sein. Im Reichsgesundheitsamte ist ein Verordnungsentwurf aufgestellt und den Landesregierungen zur Begutachtung überwiesen worden, der eine starke Einschränkung der Beschäftigung von Helferinnen vorsieht. Nach dem Verordnungsentwurfe soll es verboten werden, pharmazeutisch nicht ausgebildetes Hilfspersonal (Helfer, Helferinnen, Drogisten usw.) in den Apotheken mit folgenden Arbeiten zu beschäftigen.

1. In der Offizin:

a) Arbeiten, die mit der Anfertigung von Rezepten in Zusammenhang stehen (Annahme von Rezepten, Anfertigung von Arzneien, sowie Hilfeleistung dabei, Schreibarbeiten, wie das Schreiben der Signaturen, und das Eintragen in das Rezeptbuch, Abgabe verordneter Arzneien an das Publikum, gleichviel, ob es sich um eine auf Verordnung hergestellte Arznei oder um eine Spezialität handelt),

b) Betätigung im Handverkauf, gleichviel ob es sich um die Abgabe eines auch außerhalb der Apotheke verkäuflichen Mittels handelt oder nicht,

c) Füllen der Standgefäße.

2. In der Materialkammer:

Auffüllen gekaufter Waren oder selbst hergestellter Zubereitungen in Vorratsgefäße sowie Umfüllen aus diesen in die Standgefäße.

3. In dem Laboratorium:

Arbeiten, die mit der Herstellung galenischer Zubereitungen und der Prüfung aus dem Handel bezogener Arzneimittel auf Echtheit, Reinheit und Güte in Zusammenhang stehen, soweit es sich nicht lediglich um mechanische Hilfeleistungen handelt.

Erlaubt soll die Beschäftigung pharmazeutisch nicht vorgebildeten Hilfspersonals nur sein

1. mit kaufmännischen Arbeiten, wie Buchführung, Rechnungsschreiben, Führung der Geschäftskasse,

2. unter der Aufsicht und Verantwortung eines Assistenten, Kandidaten oder approbierten Apothekers mit solchen fachlichen Arbeiten, die rein mechanisch sind, keine pharmazeutische Vorbildung verlangen und keine Verantwortung einschließen, z. B. Vergleichen der Rechnungen mit den Lieferungen, Auszeichnen und Wegpacken fertiger Spezialitäten, Abfüllen und Abfassen einfacher Handverkaufsmittel, Hilfsleistungen in der Materialkammer und dem Laboratorium.

Dieser Verordnungsentwurf geht über die durch medizinalpolizeiliche Gründe gebotene Einschränkung der Beschäftigung von Helferinnen und anderem nicht pharmazeutisch vorgebildeten Personal nicht unerheblich hinaus. Es ist jedoch zu berücksichtigen, daß auch gewichtige Gründe anderer Art eine Rolle spielen:

1. Wenn die Beschäftigung des nicht pharmazeutischen Personals mit dem Verkaufe freigegebener Heilmittel und mit anderen an sich nicht bedenklichen Arbeiten plötzlich allgemein freigegeben werden würde, so wäre die Befürchtung nicht von der Hand zu weisen, daß in nicht unerheblichem Umfang eine Verdrängung des pharmazeutischen Personals durch Helferinnen und ähnliche Angestellte Platz griffe. Wenn auch die Rücksichtnahme auf das pharmazeutische Personal schließlich nicht auf die Dauer eine Gesetzgebung rechtfertigen kann, die auf eine künstliche Verringerung der Wirtschaftlichkeit der Apotheken und damit letzten Endes auf eine Verteuerung der Arzneiversorgung hinausläuft, wenn auch allmählich ein Abbau der bestehenden Beschränkungen unvermeidlich sein wird, so muß dabei doch mit großer Vorsicht vorgegangen werden, um nicht durch überstürztes Handeln schwere Unzuträglichkeiten für das pharmazeutische Personal hervorzurufen. Mit dem Abbau der einschränkenden Bestimmung muß eine Verringerung des pharmazeutischen Personals Hand in Hand gehen; eine solche Verringerung des Personalbestandes ist aber nur allmählich möglich. Die Einführung des Maturums als Vorbedingung für den Eintritt in den Apothekerberuf wird wohl im Laufe der Zeit ihre Wirkung in dieser Hinsicht nicht verfehlen, und schließlich käme als ultima ratio ein numerus clausus in Frage.

2. Von dauernder Bedeutung ist aber ein anderer Grund. Die Verringerung des pharmazeutischen Personals darf niemals so weit gehen, daß der notwendige Nachwuchs für die Betriebsleiter und ähnliche verantwortliche Posten beeinträchtigt und damit die Zuverlässigkeit der Arzneiversorgung gefährdet wird. Es muß ständig ein gewisser Bestand an pharmazeutischem Personal und fortlaufend ein entsprechender Nachwuchs vorhanden sein, wenn nicht schwere Unzuträglichkeiten in der Arzneiversorgung entstehen sollen.

In letzterer Beziehung scheint allerdings zur Zeit keine Gefahr zu bestehen, selbst wenn eine Verminderung des pharmazeutischen Personals eintritt. Wenn wir die durchschnittliche Besitzzeit der Apothekenbesitzer auf 30 Jahre annehmen, so ergibt sich für rund 6000 Apotheken ein jährlicher Zuwachs von 200 Personen, der unbedingt erforderlich wäre, um die freiwerdenden Betriebsleiterposten (als selbständige Besitzer oder als Verwalter) zu besetzen. (In Wirklichkeit müßte der Nachwuchs etwas größer sein, da aus wirtschaftlichen Gründen nicht jeder Apotheker in der Lage ist, durch selbständige Übernahme einer Apotheke oder durch Erlangung einer Ver-

Spezieller Teil. 77

walterstelle Betriebsleiter zu werden.) Die Zahl der Praktikanten, die sich auf drei Jahrgänge verteilt, betrug nach einer im Jahre 1921 vom Hauptausschuß der Tarifgemeinschaft Deutscher Apotheker aufgenommenen Statistik 2823, überstieg also das berechnete Minimum bei weitem. Unexaminierte Gehilfen und Kandidaten waren 1353, approbierte Angestellte 3762 vorhanden, außerdem noch 306 Verwalter.

Das nicht pharmazeutische Personal bestand nach der erwähnten Statistik aus

496 Kassierern,
202 Buchhaltern,
1434 Helfern und Helferinnen,
1489 Hausdienern,
2716 anderweitigen Personals.

(Pharmazeutische Zeitung 1921 Nr. 89.)

IX.

In bezug auf die Arzneitaxe haben die allgemeine Entwicklung des Wirtschaftslebens und die besondere Gestaltung des Apothekenwesens eine Reihe von Fragen aufgeworfen, die einer Lösung bedürfen. Aus der Erörterung dieser Fragen in der Fachpresse kann folgendes als Quintessenz herausgezogen werden:

1. Es wird in erster Linie eine

Vereinfachung der Taxe

verlangt, um den durch das Taxieren der einzelnen Arzneien im Apothekenbetrieb erwachsenden Arbeitsaufwand auf das denkbar geringste Maß herabzudrücken.

In der Tat ist die Berechnung der Arzneipreise oft sehr umständlich und mühevoll. Die Preise der einzelnen Arzneimittel sind in der Taxpreisliste auf 105 Seiten angegeben, und zwar nach bestimmten Gewichtsstufen (100 g, 10 g, 1 g usw.). Auf Grund dieser Preisvorschriften hat der Apotheker im Einzelfall den Preis der jeweilig verlangten Menge zu berechnen. Dabei sind verschiedene Einzelvorschriften zu beachten, welche die Berechnung komplizieren, z. B. beträgt der Preis für 200 g nicht das Doppelte des Preises von 100 g, sondern nur 180%.

Die gesamte Berechnungsart zerfällt in folgende Abschnitte:

a) Nachschlagen der Taxpreisliste zwecks Feststellung der Taxpreise der für eine bestimmte Arznei zu verwendenden Arzneimittel,

b) Berechnung der Preise für die zu verwendenden Mengen unter Beachtung der bestehenden Berechnungsvorschriften,

c) Feststellung des Rezepturarbeitspreises,

d) Zusammenzählen der Warenpreise und des Rezepturarbeitspreises,

e) Berechnen und Hinzuzählen des Teuerungszuschlages von 30%,

f) Berechnen und Hinzuzählen der Umsatzsteuer von 2%.

Die Berechnung der Preise für die gebrauchten Mengen wird oft noch dadurch erschwert, daß die Taxpreise nicht genügend abgerundet sind; z. B. enthält die erste Seite der geltenden Taxe u. a. folgende Preise:

69 M. für 1 g Azetanilid,
93 „ „ 10 g Acetum aromaticum,
77 „ „ 10 g „ digitalis,
39 „ „ 10 g „ rubi Idaei,
86 „ „ 10 g „ Scillae,
37 „ „ 10 g Acidum Aceticum,
67 „ „ 1 g „ arsenicicum.

Aus solchen Preisen den jeweiligen Mengenpreis zu berechnen, wird für einen weniger geübten Rechner oft nicht ganz einfach sein.

Die erhebliche Belastung durch die Taxierungsarbeit läßt eine Vereinfachung des Berechnungsverfahrens in der Tat sehr wünschenswert erscheinen. Möglich ist eine Vereinfachung

a) durch Einrechnung des Teuerungszuschlages und der Umsatzsteuer in die Preise der Taxpreisliste und die Rezepturpreise, so daß die jedesmalige besondere Berechnung dieser Beträge wegfällt,

b) durch bessere Abrundung der Taxpreise, um die Berechnung der Preise für die jeweilig gebrauchten Mengen zu erleichtern,

c) durch Wegfall der die Berechnungsarbeit erschwerenden Sondervorschriften für die Mengenberechnung.

Von Fachleuten wird auch darauf aufmerksam gemacht, daß die Taxpreisliste zur Erzielung größerer Übersichtlichkeit abgekürzt werden könnte, und zwar:

a) weil sie viele obsolet gewordene Mittel enthält, die nur noch sehr selten gebraucht werden, deren Preisberechnung aber vorkommendenfalls nach ähnlichen Mitteln erfolgen könnte,

b) weil viele einzeln aufgeführte, aber in den Grundlagen ihrer Preisgestaltung miteinander zusammenhängende Mittel zu bestimmten Gruppen zusammengefaßt werden könnten.

Inwieweit dieser Hinweis zutreffend ist und seine Verwirklichung wirklich zu einer Vereinfachung der Taxarbeit führen würde, ist noch nicht völlig geklärt.

2. Von großer Wichtigkeit sind die Vorschläge, die auf eine automatische Anpassung der Taxpreise an die Geldentwertung bzw. an die Schwankungen der Großhandelspreise hinauslaufen.

Spezieller Teil.

Der jetzige Zustand ist mit vielen Unzuträglichkeiten verknüpft. Seit langer Zeit wird allmonatlich eine neue Taxe herausgegeben, deren jedesmalige Neuanschaffung die Betriebsunkosten erhöht. Wiederholt — besonders in Perioden schneller Veränderung des Geldwertes — hat es sich als notwendig erwiesen, im Laufe des jeweiligen Monats noch Nachträge erscheinen zu lassen, um die inzwischen eingetretenen erheblichen Veränderungen der Großhandelspreise zu berücksichtigen. Die durch die Nachträge geänderten Preise muß dann jeder einzelne Apothekenbesitzer in sein Taxexemplar eintragen, damit er nicht etwa in jedem Einzelfall genötigt ist, neben der Taxe noch die Nachträge nachzuschlagen. Es scheint auch vorzukommen, daß die Taxbehörde bei Preisänderungen einzelne Mittel übersieht, ein Umstand, der den Apothekern fortgesetzt zu berechtigten Klagen Veranlassung gibt. Überhaupt ist es in Zeiten plötzlicher Veränderungen des Geldwertes der Taxbehörde kaum möglich, den Veränderungen der Großhandelspreise mit genügender Schnelligkeit zu folgen.

Es ist deshalb vorgeschlagen worden, durch eine alljährlich (wie früher) erscheinende Taxe nur gewisse Grundpreise festzusetzen und den Veränderungen der Großhandelspreise durch einen in kurzen Zwischenräumen (vielleicht allwöchentlich) neu festzusetzenden Multiplikationsfaktor Rechnung zu tragen, wie es bereits im Buchhandel üblich ist. Seit einiger Zeit wird dieses Verfahren auch von den großen Firmen der pharmazeutischen Industrie angewendet, indem sie zwar nicht für alle, aber doch für sehr viele Produkte die Preise in „Festmark" festsetzen, deren Umrechnung in Papiermark nach dem jeweiligen Dollarkurs erfolgt.

Eine solche Änderung in der Festsetzung der Taxpreise hätte manche Vorteile:

a) Es brauchte nicht allmonatlich eine neue Taxe herausgegeben zu werden, deren Druck erhebliche Kosten verursacht und letzten Endes die Arzneiversorgung belastet. Den Apothekern bliebe das Einschreiben der Nachträge in die Monatstaxen erspart.

b) Es bestände die Möglichkeit, den Veränderungen der Großhandelspreise schneller zu folgen und die aus der verspäteten Herausgabe der Taxen entstehenden Unzuträglichkeiten zu vermeiden.

Es bliebe dabei immer die Möglichkeit offen, bei einer wesentlichen Verschiebung in den Herstellungskosten der verschiedenen Arzneimittel auch die Grundpreise für einzelne Artikel im Laufe des Jahres zu verändern. Solche Veränderungen würden aber wohl nicht sehr oft erforderlich sein.

3. Wie für die Warenpreise, so dürfte sich auch für die Rezepturarbeitspreise die Festsetzung einer gleitenden Skala empfehlen. Diese

Skala dürfte am zweckmäßigsten mit den jeweiligen Tarifgehältern der angestellten Apotheker in Verbindung zu bringen sein, weil den Rezepturgebühren der Gedanke zugrunde liegt, daß sie einen Ausgleich für die mit der besonderen Herrichtung der Arzneien verbundene Mehrarbeit bilden sollen. Die Apothekenbesitzer beklagen sich darüber, daß wiederholt Erhöhungen der Tarifgehälter festgesetzt worden sind, ohne daß zu gleicher Zeit durch entsprechende Erhöhung der Rezepturpreise für Deckung gesorgt worden wäre. Diesen Klagen könnte dadurch abgeholfen werden, daß die Rezepturgebühren von der jeweiligen Höhe der Tarifgehälter abhängig gemacht werden.

4. Unzuträglichkeiten ergeben sich auch aus der Tatsache, daß die gleichmäßige Festsetzung der Taxpreise für das ganze Reich die bestehenden Unterschiede in der Rentabilität der Betriebe nicht berücksichtigt. Das kommt besonders darin zum Ausdruck, daß die kleinen Landapotheken, die ohnehin infolge des geringen Umsatzes mit wirtschaftlichen Schwierigkeiten zu kämpfen haben, für die von ihnen bezogenen Waren hohe Bezugsspesen (Fracht und Verpackungskosten) bezahlen müssen, die den Apothekern größerer Städte beim Einkauf aus Großhandlungen derselben Stadt wenigstens zu einem großen Teil erspart bleiben. Es ist zu erwägen, ob den Landapothekern nicht aus diesem Grunde ein Sonderzuschlag auf die Taxpreise zugestanden werden muß.

5. Eine durch die Entwicklung der pharmazeutischen Produktion längst überholte Einrichtung ist auch die besondere Art der Berechnung der Taxpreise galenischer Zubereitungen. Aus dieser besonderen Berechnungsart, die sich gerade unter den heutigen Verhältnissen den fortwährenden Schwankungen der Produktionskosten unmöglich anpassen kann, ergeben sich völlig ungerechtfertigte Sonderbarkeiten. Die Annahme, daß die galenischen Zubereitungen von den Apothekern selbst hergestellt werden, ist eine Fiktion, die der Wirklichkeit in überwiegendem Maß nicht mehr entspricht. Man sollte deshalb die alte Berechnungsart (Hinzurechnung eines bestimmten Defekturarbeitspreises zu den Taxpreisen der verwendeten Rohstoffe) fallen lassen und die Taxpreise der Galenica in derselben Weise berechnen wie diejenigen der anderen Arzneimittel, nämlich nach den Großhandelspreisen der fertigen Fabrikate. Es bestehen in dieser Hinsicht nur zwei Möglichkeiten:

Entweder würde die Berechnung nach den Großhandelspreisen fertiger Fabrikate höhere Taxpreise ergeben, dann liegt jetzt eine ungerechtfertigte Schädigung der Apotheker vor,

oder die vorgeschlagene Berechnung ergibt niedrigere Preise, dann führt die jetzt gebrauchte Methode zu einer unbegründeten Verteuerung der Arzneiversorgung.

In beiden Fällen ist die jetzige Methode ungerechtfertigt: Weder kann man den Apothekern zumuten, billiger zu arbeiten als die Industrie, noch kann die Festsetzung höherer Preise auf eine Annahme gestützt werden, die den bestehenden Produktionsverhältnissen nicht entspricht.

Zusammenfassung.

Ich fasse zum Schlusse die wesentlichen Ergebnisse meiner Untersuchungen kurz zusammen:

I. Die Änderungen, die sich in der pharmazeutischen Produktion vollzogen haben, nötigen nicht zu der Schlußfolgerung, daß das bestehende System des Apothekenwesens in seinem Grundprinzip überlebt sei. Es erweist sich vielmehr als durchaus zweckmäßig, daß die Apotheken in ihrer spezifischen Eigenart — als besondere Arzneibereitungs- und Arzneiabgabe-Anstalten mit Befähigungsnachweis für den Betriebsleiter, mit gesetzlichen Vorschriften über Einrichtung und Geschäftsführung und mit behördlicher Aufsicht — zu erhalten bleiben. Die Abschaffung des Apothekensystems, also die völlige Freigabe des Arzneimittel-Kleinhandels, wäre eine Maßregel von verhängnisvoller Tragweite, die eine erhebliche Gefährdung der Volksgesundheit befürchten ließ, ohne wirtschaftliche Vorteile mit sich zu bringen.

II. Dagegen scheint es möglich, auf der Grundlage des bestehenden Systems durch geeignete Maßnahmen, unbeschadet der Zuverlässigkeit der Arzneiversorgung, die Wirtschaftlichkeit des Apothekenwesens zu steigern. In dieser Beziehung ist folgendes zu bemerken.

1. Maßregeln, die etwa darauf hinauslaufen, ohne zwingende Notwendigkeit den durchschnittlichen Umsatz der Apotheken herabzusetzen, dadurch das Verhältnis des Umsatzes zu den konstanten Unkosten der Betriebe zu verschlechtern und die Wirtschaftlichkeit der Betriebe zu verringern, würden sich letztlich zweifellos volkswirtschaftlich nachteilig erweisen. Aus diesem Gesichtspunkte wäre als volkswirtschaftlich schädlich zu beurteilen:

a) eine über das Bedürfnis der Bevölkerung hinausgehende Vermehrung der Apothekenzahl, insbesondere die Einführung der Niederlassungsfreiheit für alle approbierten Apotheker,

b) die Einschränkung des Apothekenmonopols zugunsten der Drogisten,

c) die Ausdehnung des Dispensierrechts der Ärzte und Tierärzte über das durch das Interesse der Arzneiversorgung gebotene Maß,

d) die Errichtung besonderer Apotheken für einzelne Bevölkerungskreise, insbesondere von Krankenkassenapotheken, und die

Förderung der Bestrebungen der Krankenkassen, die Selbstabgabe von Arzneimitteln an ihre Mitglieder in ausgedehnterem Maße zu organisieren.

2. Dagegen ist ohne Schädigung der Arzneiversorgung eine wirtschaftlichere Gestaltung der Apothekenbetriebe möglich:

a) durch Zentralisierung des Einkaufs,

b) durch bessere Ausnutzung der Apothekenlaboratorien; Förderung der genossenschaftlichen Bestrebungen, die eine Erleichterung des Absatzes einzelner in Apotheken selbsterzeugter Produkte zum Ziele haben. (Ein Zwang zur Selbsterzeugung galenischer Präparate ist dagegen unzweckmäßig, der Zwang zur Unterhaltung eines Laboratoriums ist überlebt.),

c) durch Zentralisierung der Arzneimitteluntersuchung,

d) durch Zulassung eines Personals zweiter Klasse, soweit es die notwendige Rücksicht auf die Erhaltung des Nachwuchses für die Betriebsleiter und ähnliche verantwortliche Posten zuläßt,

e) durch Vereinfachung der Arzneitaxe, mit automatischer Anpassung an die Schwankungen des Geldwertes; Wegfall der besonderen Berechnungsmethoden für galenische Präparate.

3. Der Betrieb der Apotheken in eigener Regie des Staates, der Gemeinden oder anderer öffentlich-rechtlicher Körperschaften würde als unzweckmäßig anzusprechen sein, weil durch den Wegfall des persönlichen Interesses des Betriebsleiters und die Zunahme unproduktiver Verwaltungsarbeit die Wirtschaftlichkeit der Betriebe beeinträchtigt wird.

Literaturverzeichnis.

Anselmino: Apothekenbetriebsordnungen. Berlin 1912.
Berendes: Das Apothekenwesen. Stuttgart 1907.
Böttger: Artikel im „Handwörterbuch der Staatswissenschaften" über Apotheken, Arzneiverkehr, Arzneitaxen.
Böttger-Urban: Die preußischen Apothekengesetze. Berlin 1913.
Brefeld: Der Apotheke Schutz und Freiheit. Berlin 1863.
Breitfeld: Der deutsche Drogenhandel. Leipzig 1906.
Heyl: Das hessische Apothekenwesen. Darmstadt 1908.
Kroeber: Arzneimittelmarkt und sparsame Arzneiverordnung. Leipzig 1921.
Landvogt (Droste): Die Hygiene als Staatsmonopol. München 1917.
Lehmann: Apotheken und Gemeinwirtschaft. Dresden 1920.
Lepsius: Deutschlands chemische Industrie 1888—1913. Berlin 1914.
Lewinsky: Die Apothekenbetriebsrechte in Preußen. Berlin 1917.
Merck: Entwicklung und Stand der pharmazeutischen Großindustrie Deutschlands. Berlin 1923.
Müller: Die chemische Industrie. Leipzig 1909.
Reiß: Mißstände im Arzneimittelwesen und Vorschläge zu ihrer Bekämpfung. Berlin 1921.
Rosenberg: Der Vertrieb pharmazeutischer und kosmetischer Spezialitäten in Deutschland. Berlin 1913.
Schelenz: Geschichte der Pharmazie. Berlin 1904.
Springfeld: Zur Entwicklungsgeschichte der Apothekenreform. Leipzig 1896.
Straub: Industrie der Arzneimittel. Aufsatz im Sonderheft der „Süddeutschen Monatshefte", März 1918.
Wichelhaus: Wirtschaftliche Bedeutung chemischer Arbeit. Braunschweig 1900.
Pharmazeutische Zeitung.
„Volkswohlfahrt", Amtsblatt des preußischen Ministeriums für Volkswohlfahrt. Berlin 1922.
Pharmazeutischer Kalender 1921.
Gesundheitswesen des preußischen Staates in den Jahren 1919/20. (Im Auftrage des Ministers für Volkswohlfahrt.) Berlin 1921.
Hageda-Jahresberichte.
Jahrbuch der Krankenversicherung 1921.
Deutsche Arzneitaxen 1914 und 1923.
Schriften des Vereins für Sozialpolitik. 132. Bd. Leipzig 1910.

Roßberg'sche Buchdruckerei, Leipzig.

Verlag von Julius Springer in Berlin W 9

Anleitung zur Erkennung und Prüfung aller im Deutschen Arzneibuche, fünfte Ausgabe, aufgenommenen Arzneimittel mit Erläuterung der bei der Prüfung der chemischen Präparate sich abspielenden chemischen Prozesse. Zugleich ein Leitfaden bei Apothekenmusterungen für Apotheker und Ärzte. Von Apotheker Dr. Max Biechele. Mit einem Anhang: Anleitung zur Darstellung, Prüfung und Verwendung der offizinellen volumetrischen Lösungen. Vierzehnte, neu bearbeitete Auflage. (648 S.) 1922. Gebunden 9 Goldmark

Kommentar zum Deutschen Arzneibuch, 5. Ausgabe 1910. Auf Grundlage der Hager-Fischer-Hartwichschen Kommentare der früheren Arzneibücher unter Mitwirkung von Prof. Dr. J. Biberfeld-Breslau, Dr P. W. Danckwortt-Breslau, Dr. G. Fromme-Halle a. S., F. M. Haupt-Greifswald, Dr. M. Pleißner-Dresden, Prof. Dr. H. Schulze-Halle a. S., Dr. W. Stüwe-Jena, Dr. O. Wiegand-Leipzig, herausgegeben von Dr. O. Anselmino, Privatdozent an der Universität Greifswald, und Dr. Ernst Gilg, a. o. Professor der Botanik und Pharmakognosie an der Universität, Kustos am Botan. Museum in Berlin. Zwei Bände. Mit zahlreichen in den Text gedruckten Figuren. (1388 S.) 1911.
Jeder Band 15 Goldmark / Gebunden 17.50 Goldmark

Bakteriologie, Serologie und Sterilisation im Apothekenbetriebe. Mit eingehender Berücksichtigung der Herstellung steriler Lösungen in Ampullen. Von Dr. Conrad Stich, Leipzig. Vierte, verbesserte und vermehrte Auflage. Mit 151 zum Teil farbigen Textabbildungen. (330 S.) 1924.
Gebunden 15 Goldmark

Neue Arzneimittel und pharmazeutische Spezialitäten einschließlich der neuen Drogen, Organ- und Serumpräparate, mit zahlreichen Vorschriften zu Ersatzmitteln und einer Erklärung der gebräuchlichsten medizinischen Kunstausdrücke. Von G. Arends, Apotheker. Sechste, vermehrte und verbesserte Auflage. Neu bearbeitet von Prof. Dr. O. Keller. (588 S.) 1922. Gebunden 9 Goldmark

Volkstümliche Namen der Arzneimittel, Drogen und Chemikalien. Eine Sammlung der im Volksmunde gebräuchlichen Benennungen und Handelsbezeichnungen. Begründet von Dr. J. Holfert. Neunte, verbesserte und vermehrte Auflage. Bearbeitet von G. Arends. (288 S.) 1922. Gebunden 6 Goldmark

Spezialitäten und Geheimmittel aus den Gebieten der Medizin, Technik, Kosmetik und Nahrungsmittelindustrie. Ihre Herkunft und Zusammensetzung. Eine Sammlung von Analysen und Gutachten von G Arends. Achte, vermehrte und verbesserte Auflage des von E. Hahn und Dr. J. Holfert begründeten gleichnamigen Buches. (568 S.) 1924. Gebunden 12 Goldmark

Verlag von Julius Springer in Berlin W 9

Die Ampullenfabrikation. In ihren Grundzügen dargestellt von Dr. Hans Freund, Apotheker und Nahrungsmittelchemiker. Mit 68 Textfiguren. (84 S.) 1916.
2.50 Goldmark

Die Arzneimittel-Synthese auf Grundlage der Beziehungen zwischen chemischem Aufbau und Wirkung. Für Ärzte, Chemiker und Pharmazeuten. Von Dr. Sigmund Fränkel, a. o. Professor für Medizinische Chemie an der Wiener Universität. Fünfte, umgearbeitete Auflage. (914 S.) 1921.
42 Goldmark

Die Wirkungen von Gift- und Arzneistoffen. Vorlesungen für Chemiker und Pharmazeuten. Von Prof. Dr. med. Ernst Frey, Marburg a. d. Lahn. Mit 9 Textabbildungen. (182 S.) 1921.
5 Goldmark

Die neueren chemotherapeutischen Präparate aus der Chininreihe (Optochin, im besonderen Eukupin und Vuzin) und aus der Akridinreihe (Trypaflavin, Rivanol). Eine kritische Besprechung des bisherigen Erfolges und der Grundlagen der Therapie. Von Ernst Laqueur, Direktor des Pharmakologischen Instituts Amsterdam. Unter Mitwirkung von A. Grevenstuk, Assistent am Pharmakologischen Institut Amsterdam, A. Sluyters, 1. Assistent am Pharmakologischen Institut Amsterdam und L. K. Wolff, 1. Assistent am Hygienischen Institut Amsterdam. (Sonderabdruck aus „Ergebnisse der inneren Medizin und Kinderheilkunde", Bd. 23.) (91 S.) 1923.
3 Goldmark

Die Digitalis und ihre therapeutische Anwendung. Im Auftrage des Niederländischen Reichsinstitutes für pharmakotherapeutische Untersuchungen. Bearbeitet von Dr. U. G. Bijlsma, Prof. Dr. A. A. Hijmans van den Bergh, Prof. Dr. R. Magnus, Dr. J. S. Meulenhoff, Dr. M. J. Roessingh. Autorisierte deutsche Übersetzung von Prof. Dr. P. Neukirch. Mit 32 Abbildungen und einem Bildnis. (123 S.) 1923.
5.65 Goldmark

Der Cocainismus. Ein Beitrag zur Geschichte und Psychopathologie der Rauschgifte. Von Dr. Ernst Joël, Berlin, und Dr. F. Fränkel, Berlin. (Sonderabdruck aus „Ergebnisse der inneren Medizin und Kinderheilkunde", Band 25.) (111 S.) 1924.
4.20 Goldmark

Schlafmittel und Behandlung der Schlaflosigkeit. Von Dr. Albrecht Renner, Altona. (Erweiterter Sonderabdruck aus den „Ergebnissen der inneren Medizin und Kinderheilkunde".) (Etwa 128 S.)
Erscheint Ende 1924

Die neueren Arzneimittel und die pharmakologischen Grundlagen ihrer Anwendung in der ärztlichen Praxis. Von Stabsarzt Dr. A. Skutetzky, Privatdozent für Innere Medizin und Dr. E. Starkenstein, Privatdozent für Pharmakologie und Pharmakognosie, beide an der Deutschen Universität in Prag. Zweite, gänzlich umgearbeitete Auflage. (485 S.) 1914.
Gebunden 12.60 Goldmark

Verlag von Julius Springer in Berlin W 9

Arzneipflanzenkultur und Kräuterhandel. Rationelle Züchtung, Behandlung und Verwertung der in Deutschland zu ziehenden Arznei- und Gewürzpflanzen. Eine Anleitung für Apotheker, Landwirte und Gärtner. Von Th. Meyer, Apotheker in Colditz. Vierte, verbesserte Auflage. Mit 23 Textabbildungen. (194 S.) 1922. Gebunden 6 Goldmark

Lehrbuch der Pharmakognosie. Von Dr. Ernst Gilg, Professor der Botanik und Pharmakognosie an der Universität Berlin, Kustos am Botanischen Museum Berlin-Dahlem und Dr. Wilhelm Brandt, Professor der Pharmakognosie an der Universität Frankfurt a. M. Dritte, stark vermehrte und verbesserte Auflage. Mit 407 Abbildungen. (442 S.) 1922. Gebunden 10.— Goldmark

Grundzüge der Pharmazeutischen Chemie. Von Professor Dr. Hermann Thoms, Geh. Regierungsrat und Direktor des Pharmazeutischen Instituts der Universität Berlin. Siebente, verbesserte Auflage der „Schule der Pharmazie, Chemischer Teil". Mit 108 Textabbildungen (564 S.) 1921. Gebunden 10 Goldmark

Grundzüge der Botanik für Pharmazeuten. Von Dr. Ernst Gilg, Professor der Botanik und Pharmakognosie an der Universität Berlin, Kustos am Botanischen Museum zu Berlin-Dahlem. Sechste, verbesserte Auflage der „Schule der Pharmazie, Botanischer Teil". Mit 569 Textabbildungen. (454 S.) 1921.
Gebunden 10.— Goldmark

Ernst Schmidt, Anleitung zur qualitativen Analyse. Herausgegeben und bearbeitet von Dr. J. Gadamer, o. Professor der Pharmazeutischen Chemie und Direktor des Pharmazeutisch-Chemischen Instituts der Universität Marburg. Neunte, verbesserte Auflage. (120 S.) 1922. 2.50 Goldmark

Der Gang der qualitativen Analyse. Für Chemiker und Pharmazeuten bearbeitet von Dr. Ferdinand Henrich, Professor an der Universität Erlangen. Mit 4 Textfiguren. (46 S.) 1919. 1.20 Goldmark

Anleitung zur organischen qualitativen Analyse. Von Dr. Hermann Staudinger, Professor für Anorganische und Organische Chemie, Leiter des Laboratoriums für Allgemeine und Analytische Chemie an der Eidgenössischen Technischen Hochschule Zürich. (108 S.) 1923. 3.60 Goldmark

Die quantitative organische Mikroanalyse. Von Fritz Pregl, Dr. med. und phil. h. c., o. ö. Professor der Medizinischen Chemie und Vorstand des Medizinisch-Chemischen Instituts an der Universität Graz, korrespondierendes Mitglied der Akademie der Wissenschaften in Wien. Zweite, durchgesehene und vermehrte Auflage. Mit 42 Textabbildungen. (226 S.) 1923. Gebunden 12 Goldmark

Verlag von Julius Springer in Berlin W 9

Grundzüge der chemischen Pflanzenuntersuchung. Von Dr. L. Rosenthaler, a. o. Professor an der Universität Bern. Zweite, verbesserte und vermehrte Auflage. (119 S.) 1923.   4 Goldmark

Neues Pharmazeutisches Manual. Von Eugen Dieterich. Vierzehnte, verbesserte und erweiterte Auflage. Herausgegeben von Dr. Wilhelm Kerkhof, ehem. Direktor der Chemischen Fabrik Helfenberg A.-G. vorm. Eugen Dieterich. Mit 156 Textabbildungen. (833 S.) 1924.   Gebunden 21 Goldmark

Hagers Handbuch der Pharmazeutischen Praxis. Für Apotheker, Ärzte, Drogisten und Medizinalbeamte. Unter Mitwirkung von Fachleuten vollständig neu bearbeitet und herausgegeben von B. Fischer in Breslau und C. Hartwich in Zürich. Zwei Bände. Mit zahlreichen, in den Text gedruckten Holzschnitten. Neunter, unveränderter Abdruck. 1920. Zweiter Band. (1338 S.) Gebunden 26.90 Goldmark
    Eine Neuauflage, welche die beiden ersten Bände und den Ergänzungsband in zwei Bänden zusammenfaßt, befindet sich in Arbeit. Der erste Band wird Anfang, der zweite im Frühjahr 1925 erscheinen.

Handbuch der Drogisten-Praxis. Ein Lehr- und Nachschlagebuch für Drogisten, Farbwarenhändler usw. Im Entwurf vom Drogisten-Verband preisgekrönte Arbeit. Von G. A. Buchheister. Vierzehnte, neubearbeitete und vermehrte Auflage von Georg Ottersbach, Hamburg. Mit 621 in den Text gedruckten Abbildungen. (1504 S.) 1921.   Gebunden 32 Goldmark

Vorschriftenbuch für Drogisten. Die Herstellung der gebräuchlichen Verkaufsartikel. Neunte, neubearbeitete Auflage von Georg Ottersbach, Hamburg. (Handbuch der Drogisten-Praxis. II. Band.) Ein Lehr- und Nachschlagebuch für Drogisten, Farbwarenhändler usw. Im Entwurf vom Deutschen Drogisten-Verband preisgekrönte Arbeit. Von G. A. Buchheister. (797 S.) 1922.   Gebunden 20 Goldmark

Der junge Drogist. Lehrbuch für Drogisten-Fachschulen, den Selbstunterricht und die Vorbereitung zur Drogisten-Gehilfen- und Giftprüfung. Von Emil Drechsler, Leiter und fachwissenschaftlicher Lehrer der Drogisten-Fachschule, vereidigter Sachverständiger bei dem Preuß. Landgerichte Breslau. Dritte, vermehrte und verbesserte Auflage. Mit 57 Textabbildungen. (357 S.) 1920.   Gebunden 7.20 Goldmark

Pharmazeutisches Tier-Manual. Von Friedrich Albrecht Otto, Apotheker in Hamburg. (68 S.) 1918.   Gebunden 4.20 Goldmark

Pharmazeutischer Kalender 1925. Herausgegeben von Ernst Urban. (65. Jahrgang des Pharmazeutischen Kalenders für Norddeutschland.) 54. Jahrgang. In drei Teilen. I. Teil: Pharmazeutisches Taschenbuch. / II. Teil: Pharmazeutisches Handbuch. / III. Teil: Pharmazeutisches Adreßbuch. I.—II. Teil gebunden; III. Teil geheftet.
     Preis 6 Goldmark

Berichtigungszettel.

Auf Seite 37 ist in der 12. bzw. 3. Zeile von unten auf Anlage I und II, auf Seite 38 in der Zeile 8 von oben auf Anlage III hingewiesen. Es handelt sich um Tabellen, die aus Gründen der Raumersparnis, und weil sie infolge der seit April 1923 eingetretenen Veränderung des Geldwertes ihre Aktualität eingebüßt haben, nachträglich fortgelassen wurden.

MIX
Papier aus verantwortungsvollen Quellen
Paper from responsible sources
FSC® C105338

If you have any concerns about our products,
you can contact us on
ProductSafety@springernature.com

In case Publisher is established outside the EU,
the EU authorized representative is:
**Springer Nature Customer Service Center GmbH
Europaplatz 3, 69115 Heidelberg, Germany**

Printed by Libri Plureos GmbH
in Hamburg, Germany